あなたの願いをかなえる、星座案内

鏡リュウジ

sanctuary books

いつもがんばっているあなたが、ひとり何かに祈ってみたい夜に。

星にお願いごとをしたことは、ありますか。

がんばりすぎて心が疲れてしまった。
そんなときは、夜空を見上げてください。

ひとりで抱え込んでしまっている悲しみも、
恥ずかしくてまだ誰にも話せていない夢も、
きょう気づいたばかりのあの人への想いも、
言葉にならない、あなたの気持ちのすべてを、
星空は受け止めてくれます。

もしかしたら、あなたの街では星が見えないかもしれません。
でも見えていないからといって、

あなたの空に星がないわけではないんですよ。
街の明かりが明るすぎて星が見えにくくても、
星はたしかにあります。
真っ昼間の青空にだって、本当は星があるのですから。
星はたしかに、何万年も前からずっとそこにいて、
あなたを見守っています。

今の天文学や占星術で用いられる星座の原型を作ったのは、
今から5000年以上も前の中近東の砂漠の民といわれています。

でも、人々が夜空を見上げ、星に思いをはせ、
そしてそこに未来への指針を求めたのは、
きっともっともっと前からのこと。

複雑な変化に満ちた自然のなかで、星の動きは
数少ない確かなものでした。人々は、星を見ることで、
季節を知り、月や週を決め、未来を占いました。
星空を見上げて、明日のことを決めたのです。

星が何かを、啓示してくれる。
星があなたのこれから歩く道を指し示してくれることがある。
星には、あなたの運命を変えてくれる力があります。

星座というと、12星座占いがまず頭に浮かぶ人が多いかもしれません。12星座以外の星座にも、神話があります。

人が夜空の星を結びそこに物語を紡ぐとき、
人は星空を見ているようでいて、実は自分の心の奥底で
起こっていることを夜空のスクリーンに
「投影」しているのだと、精神医学者のユングは考えました。
神話の出来事が本当に起きた事実かどうかと考えたら、
そんなことあるわけない、ばかばかしいと思う人も
いるかもしれません。
でも、これだけ長い歴史のなかで
星の神話が語り継がれてきたことを思えば、
そこにはなにかの真実があるはずです。

ただ星空を見上げるだけでも、
星はあなたの心の痛みを洗い流し、
明日への希望を思い出させてくれると思います。

でも、星座の意味や神話を知ったうえで、星を眺めれば、
もっともっと星はあなたに力を与えてくれます。

星が見えない夜なら、星の物語に思いをはせ、
星に祈るだけでもいい。
今は星座がどこにあるか教えてくれる
便利なアプリもありますから、その方向に向かって、
星座をイメージするだけでもいい。
星は、あなたをきっと助けてくれます。

星空は、人一倍がんばり屋さんで、
人一倍やさしいあなたのためにこそ、あるのだから。

もくじ

心がピンチのとき。

心がピンチのとき、
大熊座が教えてくれること。

星はあなたをいつも見ている。

この世界で、自分はひとりぼっちだ。誰も自分を見てくれない。もしもあなたが、そんな気持ちになっているとしたら。
窓を開けて、星空を見上げてみてください。
職場のみんなのことを考えて一生懸命やっているけど、結局ただの雑用だし、誰も見ていないし、認めてもらえない。家族が気持ちよく過ごせるように、毎日お料理もお掃除も一生懸命やっているのに、それで当たり前で、誰も感謝してくれないし気づいてもくれない。
でも、誰も気づいていないとしても、星だけはずっとあなたを見ています。
もしもあなたが、誰にも認めてもらえず、孤独感におおわれているなら、そんな夜は、北の天頂近くを見上げてください。
大熊座が見えると思います。中国や日本で北斗七星と呼ばれる七つの星も、この大熊座に含まれています。
大熊は、もともとカリストーという名の美しい妖精で、月の女神アルテミスの侍女でした。浮気者で知られる大神ゼウスがこのカリストーに恋心を抱き、アルテミスに変身して近づき思いを遂げ、2人の間には男の子アルカスが生まれます。ところがゼウスの妻ヘラはそのことを知り、激怒。カリストーを大きな熊に変えてしまうのです。それから歳月が過ぎ、アルカスは立派な狩人に成長。ある日、森で狩りをしているときに大きな熊に出くわします。この大きな熊は実は母親であるカリストーですが、そうとは知らないアルカスは、矢で射ようとしてしまいます。それを見ていたゼウスは、母殺しをさせるのはしのびないと、アルカスを小熊の姿に変え、母子ともども天に上げ、大熊座、小熊座となりました。この母熊は、大きな愛の象徴です。
大熊座を見上げて、今日あなたががんばったことを思い返し、伝えてみてください。どんな小さなことでも、かまいません。ひとつ、ひとつ思い返してください。たとえ小さなことでも、誰も見ていなかったとしても、あなたががんばったことは、

なかったことにはなりません。
そもそも、あなたのやっていることは、本当に小さなことでしょうか。もしもあなたがいなかったら、職場のみんな、家族のみんなはどうなってしまうか、想像してみてください。
大熊座は春も夏も秋も冬も、休むことなく一年中ずっと空にいます。毎日がんばっているあなたのことを、ずっと見守っています。がんばりすぎて疲れてしまった夜は、大熊座を見上げて、自分のがんばりをしっかりほめてあげてください。
でも、本当は星だけじゃなくて、あなたのことを見てくれている人はいますよ。言葉には出していなくても、みんなあなたの存在に感謝しているし、あなたのがんばりを、わかる人はちゃんとわかっているはずです。

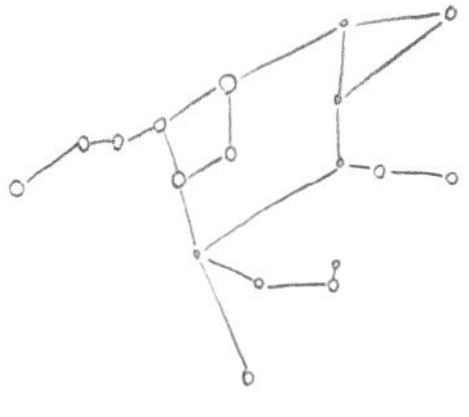

大熊座

見える時期　通年

見える方向　北の天頂近く

心がピンチのとき、
水星が教えてくれること。

考えなしにとりあえず動いてみる。

太陽系でもっとも小さな惑星・水星を守護するのは、大神ゼウスと美しい妖精（ニンフ）のあいだに生まれたヘルメス。翼の生えた靴をはき、風のように気の向くままにあちらへ、こちらへと飛び回るヘルメスは、気ままな知性と精神の象徴です。
もしも心が落ち込んで、出口が見えなくなっているならば、ヘルメスの力を借りましょう。
ヘルメスは「運命の転換」をもたらす魂の案内人といわれています。私たちが人生のどこかで道に迷ったとき、魔法のように現れ、道を示してくれるのです。
でも、ヘルメスはとてもいたずら好きな神。こちらがいくら呼んでも姿をあらわしてはくれません。どこで出会えるかもわかりません。気まぐれにあらわれます。「たまたま」手にとった本、「たまたま」見つけたお店、「たまたま」聞こえてきた会話、「たまたま」再会した友人。そんなちょっとした予想外の「運命の転換」が、実はヘルメスの仕業です。

どうすればヘルメスに出会えるか。まずは少しだけ無理して、外に出かけてみることです。

とくにオススメなのは、本屋さん、ショッピングモール、居酒屋、駅など、たくさんの人や情報が行き交う場所。人と話すのがしんどければ交差点や駅前で人間観察するだけでもかまいません。

ヘルメスはそういう場所に紛れ込んでいて、あなたに思いがけない「運命の転換」を与えてくれます。

それはもしかしたら、気をつけていないと見逃してしまうような小さいことかもしれないけれど、見逃さなければ確実にあなたに「転換」をもたらしてくれます。そのためには、とりあえずどこでもいいから出かけてみること。

べつに、遠くに出かける必要もないし、ちゃんとした目的も必要ありません。途中で行き先を変えてもいいし、疲れたら途中で帰ってきてもかまいません。でも、一歩だけでも外に

出てみれば、あなたの運命を変えてくれる「たまたま」にきっと出会えます。
もしどうしても外へ一歩出かける気持ちがまだ起きないようなら、まずは試しにヘルメス＝水星を探してみてください。
水星は、太陽の近くにあってとても見つけにくい星。けれど夕暮れどきの西の空や、朝焼けのときの東の空の、水平線近くに一瞬だけ見えることもあります。
夕方こっそり仕事を抜け出して。いつもより早起きして夜明け前に。水平線近くを眺めてみてください。もしも見つけられたなら、超ラッキー。見つけられなかったとしても、大丈夫。空の色が変わるころには、きっとあなたの心模様も少しだけ変わっているはずですよ。

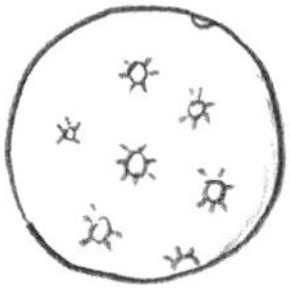

水星

見える時期　年によって違うので、
見える方向　天文年鑑などを
参照してください。

心がピンチのとき、
オリオン座が教えてくれること。

何をしてもうまくいかないときは…

星の美しい冬。南の空を見上げれば、きっとそこには、有名な三つ星を中心とした、オリオン座が目に入ってくるはず。もし今あなたが、何をやってもうまくいかなくて、みんなが敵に思えるような、そんな状況に苦しんでいるのなら。オリオン座がきっとあなたに力を貸してくれます。
オリオンは、美しくて勇敢な狩人。オリオンには様々な冒険譚がありますが、最後にはうぬぼれてしまい、神々がその傲慢さを罰します。差し向けられたのは、小さな蠍。蠍に刺され、オリオンは命を落として、星座になったのです。
オリオンの冒険譚は、不可能なことを可能にする、奇跡のような物語。目が見えなくなってしまったり、矢で射られたり、何度ももうダメなんじゃないかと思っても、奇跡が起きて、成功をつかむ。オリオンが、奇跡をつかむことができたのは、

自分を信じることができたからです。
あなたも、自分ではまだ気がついてないかもしれないけど、あなたのなかにも、きっとオリオンと同じ逆境をはね返す力がひそんでいます。でも、今はそれに気がついていなくて、自信がもてないだけ。
もう1度、オリオン座を見上げてみて。きっとあなたのなかにも、もう1回トライする気持ちが湧いてくるはずです。
ただ、オリオンは傲慢になったため神々の怒りを買い、最後蠍に刺され、命を落とします。
もう1回トライするときは、前の失敗をチェックしてみてください。タカをくくっていたり、なめていたり、慢心していたとか、そういうことがなかったか。自分が見過ごしていたウィークポイントがなかったか。一度冷静にふりかえってみてください。
たとえば、実は、少し前はすごくうまくいっていたのに、ということはありませんか。この方法でいけばまちがいないと思い込んでかたくなになってしまったり、自分の弱点や欠点をたいしたことないと見て見ぬふりをしたり、自分はこれだけがんばったのだからと、知らず知らずのうち周囲に対する要求が高くなったり……。がんばっている、結果を出しているという実感があるときのほうが、意外と人間関係がこじれてしまうことも。がんばったのにという気持ちがあるだけに、周囲に自分の気持ちが伝わらないように感じることは、余計につらくストレスになってしまうでしょう。

どうしても克服できそうにない弱点や苦手なことに気づいたら、逃げてもいいんですよ。苦手なものは思い切って捨てるのも、立派な選択肢のひとつ。

これもまた、オリオンの教えです。オリオンは、今でも蠍座が夜空に上がってくると夜空から姿を消し、蠍がいなくなったらまた姿をあらわすのですから。

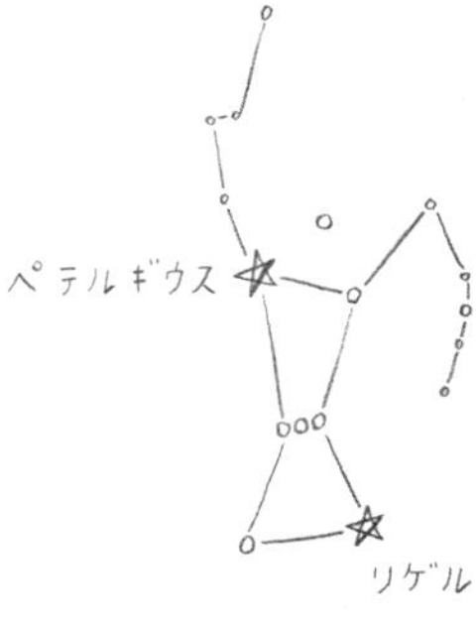

オリオン座

見える時期　冬

見える方向　南

心がピンチのとき、
かんむり座が教えてくれること。

傷はいつか必ず癒える。

春の空を見上げると、北斗七星よりやや東側に「宝石」を意味するアルファ星・アルフェッカを見つけることができます。アルフェッカを中央に据えて並ぶ、半円形の七個の星がかんむり座。もしあなたが何かをひきずっているのなら、その光輝くかんむりを探して頭上におろしてみましょう。そのかんむりは、ミノス王の娘・アリアドネが夫から贈られた宝物。彼女の心を癒してくれた象徴なのです。
かつてクレタ島の迷宮には、ミノタウロスという怪物が住んでいました。それを倒すために名乗りを挙げたのが英雄テセウス。彼に恋をしたアリアドネはひとふりの剣と迷宮から無事に戻ってくるための糸玉をさずけます。おかげでテセウスは怪物退治に成功するのですが、アリアドネを裏切って置き去りにしてしまいます。

悲嘆に暮れるアリアドネでしたが、彼女の前に酒の神ディオニソスが現れます。ディオニソスは彼女を妻にし、七つの宝石をもったかんむりを贈ったのでした。

一生懸命にがんばったことがフイになったり、心をこめて尽くした相手に裏切られたり、そそいでいた想いが深ければ深いほど傷が癒えるのには時間がかかってしまうもの。たったひとり見知らぬ島にとりのこされたアリアドネが、ついには海に身投げしそうになったように、ひとつの希望も見いだせないまま打ちひしがれてしまうかもしれません。けれど時の流れはかならず傷を癒してくれます。

悲しいときは、とことんまで悲しみに浸ってください。涙が枯れるまで泣けばいいし、怒りをためこまずに友だちに聞いてもらってもいい。

そして感情をすべて解放し、気持ちを落ち着けたなら、今度はその傷の原因と向き合ってみましょう。

この神話からは「アリアドネの糸」という言葉も生まれました。これは、難問を解決する糸口のことです。問題が大きすぎると何から手をつけていいかわからなくなることがあります。あまりの壁の大きさに、途方に暮れてしまうこともあるでしょう。
でも、ちっぽけに見えることでもかまいません。まず1つ解決できそうなことをやってみると、事態は確実に前に進んでいきます。そこから全体が見えてくることもあるのです。そう、ただの糸玉が恐ろしい怪物を倒すのに役立ったように。
どん底を味わったなら、あとは上にあがっていくだけです。
ディオニソスが彼女を絶望から救ったように、あなたをひきあげてくれるものがすぐそこまでやってきているはずです。

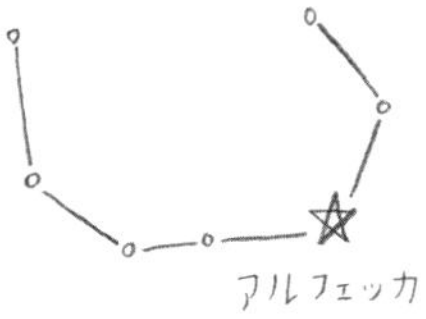

かんむり座

見える時期　7月天頂付近
見える方向　春

自分に自信をもちたいとき。

自分に自信をもちたいとき、
乙女座が教えてくれること。

だれかと比べるのを止める。

自分は特別美人なわけでもないし、仕事もできない。そんなふうに落ち込んでいるとき、無意識のうちに誰かと比べていませんか？　もしそれが春なら、南の空に青白く輝く星を探してください。春の大三角の一点をになうスピカを持つ乙女座が、あなたを見守っているはずです。
乙女座は、正義の女神アストレイアが天に昇った星座とも、豊穣の女神デメテルやその娘ペルセフォネの姿だともいわれています。そのため、アストレイアが持つとされる天秤は、これまでの自分を振り返って反省する精神を宿し、たわわに実る麦は、固い殻に守られながら内側で成長することを象徴しています。自分をただしくふりかえり、分析し、そして前に進んでいくことを、乙女座は後押ししてくれるのです。
乙女＝処女と聞くと、無垢で誰かに守られるか弱い存在を思い浮かべるかもしれません。しかし、古代において処女(virgines) とは「男性に依存しない女性」のことで、「自立」「内側からの安定」という意味があります。誰かに依存することなく、自分の内側にしっかりとしたぶれない芯をもっているので、揺らぐことはありません。

そのしっかりとした芯をつくるにはどうすればいいのか。自分だけの哲学やマイルール、自分のものさしをもつには。

ときに一定期間他人の情報をシャットアウトしてみることです。

情報過多の現代ですから、SNSにアップされる誰かのキラキラした毎日を見て「自分とはちがう」とへこんだり、テレビやインターネットが教えてくれる様々なニュースに「あれもこれもできてない」と落ち込むこともあるでしょう。友だちと会話していても「あの人はなんでもうまくいっているのに、なんで私はそうじゃないんだろう」と思ってしまうなら、一度他人の情報から離れてみましょう。SNSもテレビやパソコンも見ず、友だちや同僚の話もできるだけ耳に入れない。

なんだか素敵に見える誰かと比べるのではなく、そうやって

情報をシャットアウトし、自分のことだけを見つめ直してゆけば、自分が本当に好きなものや自分のいいところ、“自分らしさ”を再確認できるはずです。
乙女座は、わたしたちの中にも「自分の世界」があることを教えてくれます。自分の世界にとって何が重要で、何が重要じゃないのか。自分のこだわりや選ぶべきもの、その世界をもっと美しく輝かせる方法に気づかせてくれるのです。
「匠」の星座でもある乙女座は、細い糸を丹念に紡いで布を織りあげるように、美しい未来を紡ぎます。ささやかでも、あなた自身が納得できるあなただけの美しい世界をつくる力を、乙女座はきっと授けてくれるはずです。

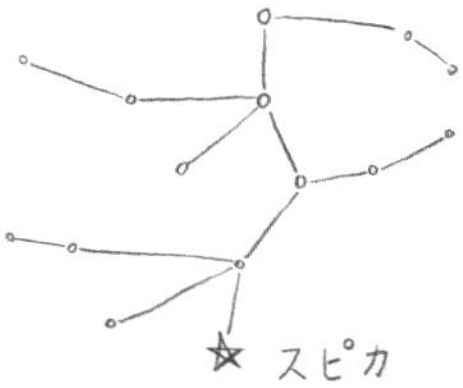

乙女座

見える時期　春
見える方向　6月、南の空

自分に自信をもちたいとき、
牡牛座が教えてくれること。

自分の価値を見つめ直す。

かつて、花摘みをしていたフェニキアの王女に恋をしたゼウスは、美しい牡牛に転じて彼女に近づきました。その姿に安心した王女が背中に乗ると、牡牛はそのまま海を越えてクレタ島まで彼女を連れ去ります。王女の名はエウロパ。ヨーロッパという名は、彼女がたどりついた場所であることが由来なのです。この神話によって、牡牛座は大地の星座ともいわれています。
穏やかに花が咲き乱れ、穀物を実らせているように見える大地にも、底には豊穣の源となる活気に満ちたエネルギーが渦巻いています。その内なるエネルギーこそが牡牛座の象徴。表面的な美醜に惑わされない、本質的な価値を大事にすることを教えてくれる星座です。
自信がなくて気づいていないかもしれませんが、あなたには

価値があります。
もし、その価値が実感できなければ、それを何か具体的なもの、たとえば、あなたの能力や役割をお金にする術をシミュレートしてみるのもひとつの手です。手先が器用なら、アクセサリーの修理やオーダーメイド作品を請け負ってみる。料理が得意なら、教室を開いてみる。あるいは、既存の職業に置き換えてみるだけでもいいかもしれません。毎日の家事を外注した場合、いくらになるか。家族を車に乗せて送った場合、タクシーだったらいくらかかるか。
お金に置き換えられること以外でも、自分が思っているよりも、あなたは重要な役割を担っているはずです。あなただから安心して任せられる。あなたの笑顔で元気になれる。なにかあったら真っ先にあなたに相談してくる人もいるでしょう。あなたがいなくなったら、家族が、友人が、同僚がどれだけ困るか。どれだけ寂しい思いをするか。あなたと関わった人たちがあなたに出会っていなかったらどうなっていたか、想像してみてください。
自分にできることなんて平凡なことばかり、となかなか自信を持てずにいるなら、その「できること」「いま担っている役割」をもっと掘り下げて見てみましょう。牡牛座の一等星・アルデバランは、「牡牛の目」とも呼ばれる薔薇色の星。冬、南の空高くに輝く星々が、あなたの価値を再発見する新しい「目」となってくれます。

牡牛座に含まれるプレアデス——日本名で昴と呼ばれる青白い星群は、風を起こして隠された秘密を解き明かします。あなたの内側に新しい風を吹かせれば、自分でも気づいていなかった魅力と価値が姿を現すでしょう。

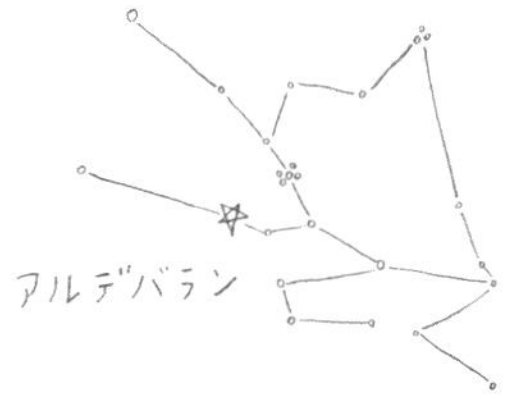

牡牛座

見える時期　冬

見える方向　1月、南の空高く

自分に自信をもちたいとき、
琴座が教えてくれること。

できることを、大事に、丁寧に。

自分にできることはわかっているけど、それはちっぽけなことや誰にでもできるようなことばかり。人を感動させたり、誰かの役に立つようなことじゃないとあなたは思っているかもしれません。でも、実はそうじゃないのです。人の才能は、そんなに簡単にはかれるものじゃありません。自分のやったことがそのまま評価されることのほうが少ないでしょう。むしろ、あなたが何かパートナーや媒介となるものに影響を与え、それがつながっていくことで感動を生んだり、役に立ったりするのです。

琴座の神話は、そのことを象徴しています。

ヘルメスは亀の甲羅にヒントを得て、リラという竪琴を作ります。リラは、職人気質なヘルメスによって、隅々まで計算しつくされた設計のもと、完璧に調律されました。彼はそれ

を歌の名手であるオルフェウスに授けます。オルフェウスの歌は、人間だけでなく動植物や岩までも感動に震わせたほど。彼の死後、悼んだ神々はリラを天に上げて琴座としました。七夕の織姫として知られる一等星・ベガを擁するこの星座は、夏の天頂付近で夜空を美しく彩っています。

リラ自体ももちろんすばらしい楽器でしたが、その価値はヘルメスが持っているだけじゃあまり意味がありません。オルフェウスに授けられ、彼の歌声と一緒になることで魂を震わせる演奏を生み出し、そこではじめて評価されたのです。

ただ、そのためには、目の前にある小さなことにも気持ちを込め、丁寧にやる必要があります。ヘルメスはすごく職人気質で、リラも丹精込めて作りました。そんなヘルメスの力を身につけるため、どうでもいいと思うこと、ちっちゃなことでもいいから、とにかく丁寧にやって完成度をあげてみましょう。

料理が好きなら、きっちり分量を量り、具材の大きさを揃え、工程ひとつひとつを大切にする。アイロンがけが上手いなら、1枚のハンカチをきれいにアイロンがけする。接客が得意なら、人と接するときには、相手が何を求めているのか、どんなことを考えているのか想像し、その気持ちに応えていく。SNSをやっているなら、多くの人に思いが伝わるよう、文章を丁寧にわかりやすくしてみる。幕末の歴史に興味があるなら、それを徹底的に調べて詳しくなってみるのもいいでしょう。どんな小さなことでも真心を込めていれば、ヘルメスがオルフェウスの歌声を引き出したように、それがきっと何かに影響を与え、つながっていくはずです。

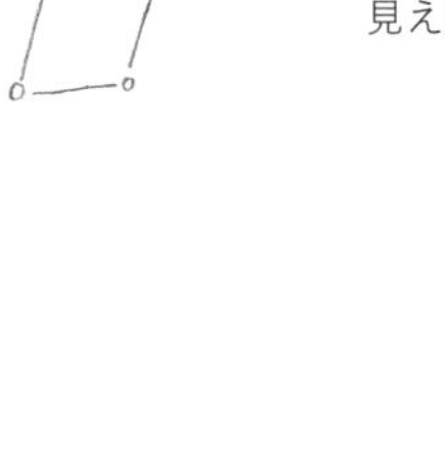

琴座

見える時期　夏
見える方向　8月、天頂付近

自分に自信をもちたいとき、
火星が教えてくれること。

たまには、背伸びしてみる。

真っ赤な火星を司るのは、軍神アレス。ギリシャ神話によれば、野獣のように強く、争いを好む彼の荒々しさは、実の父・ゼウスからも「私が最も嫌いなのはお前だ」と言われてしまうほど。そんな荒々しい神からいったい何を参考にすることがあるのかと思うかもしれません。でも実は、その闘争心や荒々しさはみんなが内に秘めているもの。

「もっとかわいくなりたい」「あと少し語学が堪能だったら」

「人見知りじゃなければ」

誰もが一度はこういった「もっとこうなりたい」「あんなことができればいいのに」という思いを抱いたことがあると思います。でも、その思いを大事にしていいのです。アレスの体現する闘争は必要な体験。この気持ちがあるから、あなたは挑戦できるし、成長できるのです。

どんなに小さくても、新しいことを始めるときは、必ず抵抗や葛藤があります。それでもがんばってみたいという思いがほんのわずかでもあなたの中に眠っているなら、アレスの力を借りて一歩踏み出しましょう。
たとえば、自分には派手かなと思うような、着たことのない服を着てみる。仕事以外であまり会話したことのない人と話してみる。1人でバーに行ったり、降りたことのない駅で降りてみる。ちょっと無理そうなことでも「やれます」と言って引き受け、まわりに宣言し、それから必死に猛勉強するのもありです。そうやって自分で背伸びをすることで、それに追いつくように成長してゆきます。
未経験のことに挑戦するのですから、その分葛藤も大きいでしょう。大変なこともあるかもしれません。でも、初めてなのだから失敗して当然です。心配したり、落ち込む必要はありません。
それでもいきなり今までと違うことを始めるのは怖い、難しいと思うなら、今できることの範囲を少し広げてみましょう。パン作りが趣味なら種類を増やしたり、お菓子やデコレーションに挑戦してみる。編み物が得意でマフラーを作れるなら、今度はセーターを編んでみる。趣味のネイルは自分だけじゃなく、友達にもやってあげたり、日課だったジョギングの距離を延ばしたり。

小さくても、一歩踏み出しさえすればできることは必ず増えます。やったこと。それらすべてが自信につながるのです。やってみた結果、少しずつでもできるようになる。アレスが少しずつ自分の陣地を広げていったように、しっかりと確保していくのです。そうすることであなたは、自分の能力をのばすだけでなく、心ごと次のステージへと進んでいけるでしょう。

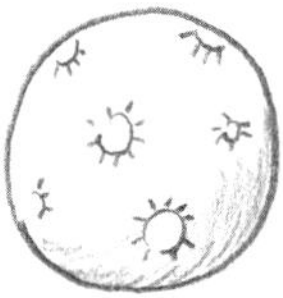

火星

見える時期　年によって違うので、
見える方向　天文年鑑などを
　　　　　　参照してください。

人間関係がしんどいとき。

人間関係がしんどいとき、
山羊座が教えてくれること。

優等生をやめてみる。

もしも人間関係に息苦しさを感じているなら、一度自分の胸に問いかけてみてください。誰にも嫌われたくない。優等生でいなきゃ。いい人でいなきゃ。そう思っていませんか？
そんなときは、秋の空に山羊座を探してみましょう。
秋の宵、南に見える山羊座は大きな下向きの三角形で、山羊の尾にあたる部分には二重星、デネブ・アルゲディが輝いています。
神話で語られる山羊の姿は、上半身が山羊で下半身は魚とかなり奇妙。これは牧羊神パーンに由来しています。ナイル川の岸で神々が宴を楽しんでいると、突然、怪物テュフォンが現われました。驚いた神々は魚の姿に変身して川に逃げ込みましたが、あまりに慌ててしまったパーンは下半身しか変身できなかったのです。そんな姿を見たゼウスがパーンを夜空に上げ、山羊座となりました。
山羊は、コツコツと地道に岩山を登るため、堅実で努力家というイメージがつきやすいですが、本来、パーンは荒々しい野生の力の象徴です。内側には抑えきれないエネルギーがつまっているのです。
「いい人」でありたいという思いは、誰にだってあります。でも、そのことが苦しくなっているなら、それはあなたのなかのパーンを目覚めさせるときが来たということ。それを無視して我慢していたら、あるとき突然パーンが表に出て、キレてしまうかもしれません。そして冷静になったとき、きっとあなたは自己嫌悪に陥ってしまうでしょう。
その悪循環を断ち切るためにも、日頃からいろんなことを小出しにしていきましょう。とはいえ、いきなりまわりのことは考えず、好き勝手にやっていいと言われても、戸惑ってしまうかもしれませんね。
たとえば、まずは自分の苦手なことで助けを求めてみてはどうでしょう。幹事を任されたけど、みんなが楽しめる企画はあれこれ考えすぎて決められない。それなら、いつも話題の

中心にいる子や流行に敏感な人にアイデアをもらってみましょう。プレゼンが苦手なら、同僚にお願いしてリハーサルに付き合ってもらう。迷惑なんじゃないか。断られるかも。幻滅されるかもなんて、考えなくていいのです。
自分のダメなところや弱いところを人には見せてはいけない、迷惑をかけてしまう、とあなたは思い込んでいるかもしれません。でも誰だって、できないことや苦手なことがあるのは当然のこと。あえてダメなところも見せてみる。そのことを怖がらないでください。
そうやって少しずつでも自分をさらけ出していけば、そのうちいやなことはいやだと言えるようにもなるでしょう。だんだん自然体のあなたでいることができるようになるはずです。

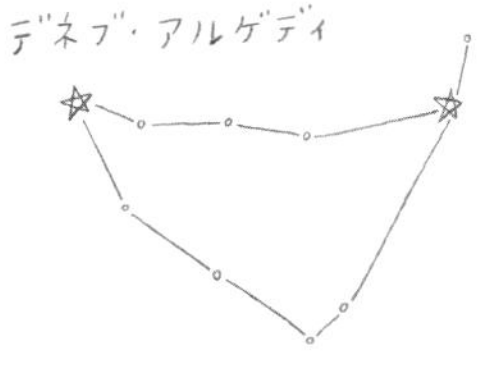

山羊座

見える時期　秋
見える方向　9月、南の空

人間関係がしんどいとき、
白鳥座が教えてくれること。

もっとワガママになってもいい。

夏の夜空に浮かぶ、雄大で美しい十字架の形をした星々。一等星のデネブが含まれる、もっとも有名な星座のひとつが白鳥座です。白鳥座は、大神ゼウスが変身したものとされています。スパルタの王妃レダを見初めたゼウスは、みずから美しい白鳥に変身して近づき、やがてレダが気を許したそのときに想いをとげます。
この神話が語るように、ゼウスは自分がこうしたいと思ったことを達成するためには、どんなことでも手段を選びません。人から見たら、すごくわがままに映るでしょう。
でも、あなたもゼウスのようにわがままになっていいのです。あなたは、人間関係を円滑にするには自分がガマンしたほうがいいと思っているかもしれませんが、そうではないのです。ガマンしていると、あなたはだんだん相手に会うのがしんど

くなってきます。でも、相手はなぜあなたの態度がよそよそしくなったのかわかりません。互いに相手の考えがわからず、言いたいことも言えなくなって、結局うわべだけの付き合いになってしまいます。だからこそ、自分の思いを伝えることが大切なのです。

上司に厳しいノルマを課せられたら、ただできないと言うのではなく、どんな条件ならクリアできそうか、具体的に提示してみる。イベントごとなど、なんでも勝手に決めてしまう家族や友人には、怒ったりうんざりして無視するのではなく、「いつも計画してくれてありがとう。でも、今回は忙しくて行けません」「来月なら空いてるから、また誘ってね」と返す。伝え方やタイミングなど、相手のことに配慮しながらも、自分の意見はしっかり伝える。

その結果、相手がどう思うかまではコントロールできません。でも、言ってみなければわからないのだから、思い切って伝えてみましょう。もしそれが聞き入れられなかったとしても、正直な気持ちを伝えたあなたのことを相手が信頼してくれることだってあるはずです。

わがままになるというと、なんだかマイナスなイメージを持つかもしれませんが、それは違います。自分の欲望を相手に見せるということは、つまり、心を開くということ。相手に心を開いてほしければ、まずは自分から心を開く。わがままになることで自分の緊張を解き、相手もリラックスさせることができるのです。わがまま放題のゼウスも、意外と憎めない存在でした。
日本や中国では、白鳥座は織姫と彦星をつなぐ星、人と人の橋渡しをする星座とも言われてきました。白鳥座に勇気をもらえば、きっとあの人との縁もつないでくれるはずです。

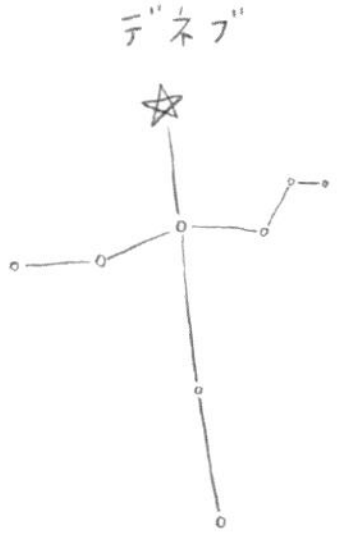

白鳥座

見える時期　夏
見える方向　9月、天頂付近

人間関係がしんどいとき、
アンドロメダ座が教えてくれること。

やさしい気持ちを思い出す。

なんとなくイライラしたり、人のやることなすことが気になる。なんだか怒りっぽくなっているなと思ったときは、アンドロメダ座のことを思い出してください。

アンドロメダ銀河を含むアンドロメダ座は、秋から冬のはじめにかけての宵、頭の真上を通過していく壮大な星座です。

アンドロメダは美しいエチオピアの王女でした。あまりの美貌に、母親がついつい「我が娘は海のニンフ（妖精）よりも美しい」と自慢してしまうほどで、結果、うぬぼれた母の言葉に怒った神は、国全体に災いをもたらします。怒りを解くには、アンドロメダを海の怪物に差し出すほかはなく、彼女は進んで海の岩に身を縛りつけました。身動きのとれない彼女の前に怪物が現われ、あわやというとき、天馬ペガサスに乗った英雄ペルセウスが通りがかり、アンドロメダを助け出

したのです。
アンドロメダのような理不尽な目にあったときは、もちろん怒るのは悪いことではありません。ただ、その怒りにとらわれてしまってはいけません。あなたの心が疲れてしまいます。自分でも怒りたくはないのにまわりのいろんなことが気に障って、イライラの連鎖が止まらない。それでは誰よりあなた自身がしんどくなってしまいます。アンドロメダ座は、美しさや純潔を象徴し、魂のもつ清らかさをつかさどっています。だから、あなたもアンドロメダのように怒りを一度忘れて、あなたが本来もっているやさしい気持ちを取り戻してみましょう。
誰かとの関係がこじれてしまったり、過去に言われたたった一言がどうしても許せなかったり、心がもやもやしているときは、深く息を吸ってみてください。海辺に行って波の音を聴いてみたり、自然の音楽を流してみたりするのもいいでしょう。苦しいことが重なったせいで、気持ちが少し曇ってはいないでしょうか。本来のあなたはとても健やかで、のびのびとした人なのに、感情にとらわれているせいで、うれしいことや楽しいことも見過ごしがちになっているかもしれません。どうしても許せないなら、完璧に受容する必要はないのです。ただ一度、一歩引いてその感情を鎮めてあげてください。
壮大なアンドロメダ銀河を眺めていると、あなたのイライラもちっぽけなことに思えてくるのではないでしょうか。アンドロメダ座は、きっと本来あなたのなかにあるやさしい気持ちを思い出させてくれるはずです。凪いだ心で見つめれば、あなたが本当に求めているものも、きっとわかってくるでしょう。

アンドロメダ座

見える時期　秋
見える方向　11月、天頂付近

人間関係がしんどいとき、
月が教えてくれること。

関係は変化してゆく。

太陽の双子の姉妹とされる月は、色も形も大きさもすべて変転させていく夜の女王。潮の満ち引きや動物たちの行動、人間の生理とも密接な関係をもつ月は、古代人にとっては何よりも勝る脅威であり、畏敬の念を呼び起こしました。
西洋では、月の女神は三つの顔をもつとされています。満ちていく月は処女神アルテミス。男性なんてものともせずに狩りに興じる、若々しい女神です。欠けるところのない満月は、偉大なる地母神デメテル。自然界のサイクルやあらゆる成長を支配する、慈しみに満ちた存在です。そして欠けていくのが、古の冥界の女神ヘカテ。アルテミスと同一視されることもありますが、彼女よりもずっと古く、ゼウスも一目置いていた深くて静かな知恵ある神。三人ともすべて、ひとつの女神がもつ別々の側面なのです。

月と同様、私たちもずっと「同じ」でいることはできません。学生時代はどれだけ一緒にいても飽きなかったのに、社会人になったらすっかり話があわなくなってしまった。結婚して子供が生まれたら、意見がぶつかることが増えた。親しかった、大切だったはずの人との歯車がどんどんかみあわなくなっていく。たった一度のケンカが、仲を決定的に分かつことだってあります。そんなさみしさを抱いているときは、夜空の月を見上げてみましょう。月は、ひと月の間にも時間を追うごとにどんどん姿を変えてゆきます。

月は感情を司る星ですが、感情もまた刻々と変わってゆきます。もし誰かを嫌いだと思ったとしても、それはその瞬間の感情でしかありません。ケンカ別れしていた友人と10年ぶりに再会し、許しあえることもあるでしょう。自分の感情も、相手の感情も、一定なんてことはありません。月の満ち欠けのように、何度でも、会うたびに変わっていくのです。

感情だけでなく、そのときどきの自分にあわせて、つながる相手も変わっていくし、相手のほうも状況に応じて変化していきます。無理につなぎとめようとすると、そこには嫉妬や独占欲が生まれます。けれど誰かに依存しすぎることは、安定からもっとも遠ざかる行為。あなたが満たされることは永遠になくなってしまいます。
まずは変化を受けいれましょう。
相手が大切であればあるほどさみしさは募るでしょうが、心配することはありません。常に変わるということは、ふたたび惹かれあうときもきっと訪れるはずです。月だって、どんなに姿を変えても、毎夜空にいて、あなたを見守ってくれていることに変わりはないのですから。

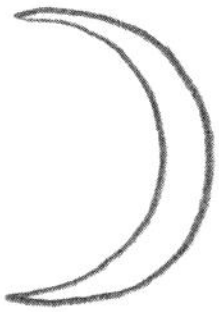

月

見える時期　通年
見える方向　東から昇り西へ沈む

人生の道に迷っているとき。

人生の道に迷っているとき、
小熊座が教えてくれること。

自分の直感を信じる。

古来、人々は方角に迷うと北の空を見上げて北極星を探しました。一年中動くことのないその星を目印に、進むべき道を見つけたのです。その北極星を真ん中に含んでいるのが、小さなひしゃく型をした小熊座です。
A社なら本当にやりたいことができる気がするけど、B社のほうが有名大手で安定している。恋人と結婚したいけれど、みんなにはやめておけと言われる。あなたが今、人生の分岐点に立って何かに迷っているのなら、小熊座を探してみてください。あなたの迷いに光を射して、不動の導きを与えてくれます。
小熊座は、ゼウスの本妻ヘラから激しい嫉妬を受け、熊の姿に変身させられてしまったカリストーがゼウスとの間にもうけた子・アルカスのこと。この小熊座のしっぽの先端にあた

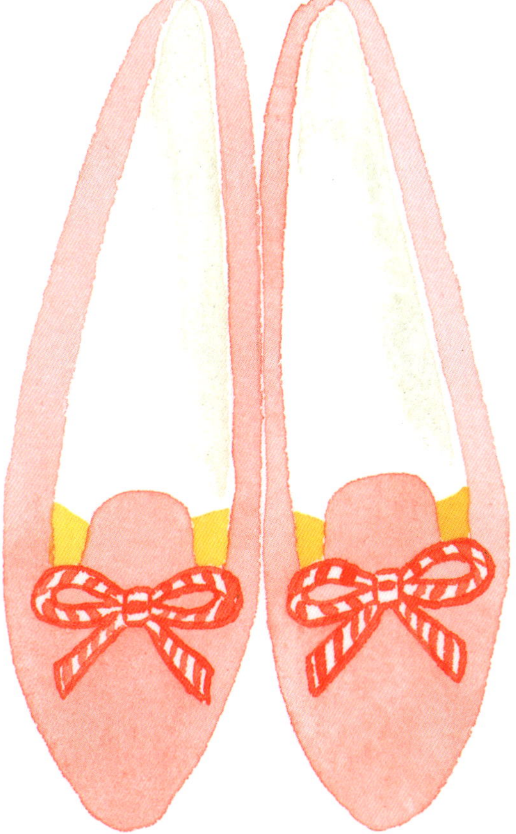

るのが、ポラリスとも呼ばれる北極星です。どんなに時間が経って、季節が変わり、月日が流れても、小熊座と北極星は変わらずそこにあります。私たちが道に迷い、不安で振り返るたび、これまで進んできた道も、目指す場所も、間違いではないとやさしく照らし、微笑んでくれるのです。

A社かB社か。今の恋人と結婚してもいいのか。本当は、迷っているわけではありません。心の奥底では、自分でもどうしたいのかわかっているはずです。それでも悩んでしまうのは、誰かの言葉や周囲の期待、世間の目といったものに惑わされているから。自分自身の心は決まっているのに、気にしなくてもいいはずのそれらがあなたの一歩を阻んでいるのです。

「こうあるべき」という思い込みを捨て、周りの雑音にも耳を傾けず、ただ自分の胸の内にある思いに従ってみましょう。一年中動くことなく空に瞬く北極星のように、あなたの進みたい場所もきちんと定まっているはずです。そこにたどり着くための道筋も、あなたには見えているのではありませんか？その光はうっすらとしたものかもしれませんが、あなたの心までまっすぐに届いているはずです。あなたの直感はまちがっていません。あとはその光に向かって一歩を踏み出すだけでいいのです。
人生という道の真ん中で迷ったときは、先人たちにならって北の空を見上げてください。北極星を中央に擁している小熊座は、あなたを導く星。行く先を誘導するというよりもやさしく背中を押し、あなたの中にはすでに進むべき道がはっきりと示されていることを教えてくれます。

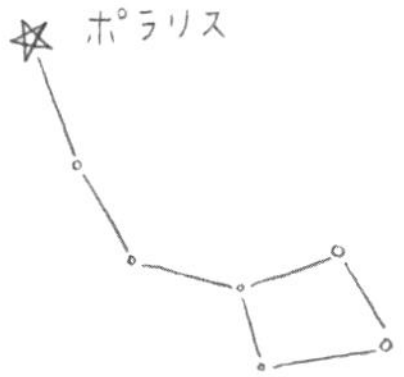

小熊座

見える時期　通年
見える方向　北の空

人生の道に迷っているとき、
天秤座が教えてくれること。

思いっきり、優柔不断になる。

直感が浮かんでこず、どうしても決断できないときは、思いっきり優柔不断になってもいいんですよ。あなたが本当に迷っているときに助けてくれるのが、夏の始まりの頃、南の空に見える天秤座。天秤座はバランス感覚と客観性を象徴しています。

天秤座は、正義の女神アストレイアのアトリビュート（配属物）。かつて神々が人間とともに地上で暮らしていた黄金時代。人間が堕落し、神々が一人また一人と天に去っていくなか、最後まで地上に残ろうとしたのが彼女でした。

また多くの絵画で、正義の女神は目隠し姿で描かれます。これは盲目ではなく、心の目で真実を見るという象徴です。決して一方からの目で物事を判断せず、誰にとっても最適な答えを導こうとする性質を現しているのです。天秤は、片側だ

けでは機能せず、あくまでも別の何かと均衡をとることによって働くもの。
本当に決められないときは、思いっきり迷っていいのです。どれだけ時間がかかってもいいので、焦らずとことん悩みましょう。
ただし、それはいい悩み方でなければ意味がありません。いい悩み方とは、できるだけ判断材料を集めること。ほかの選択肢がないか模索したり、いろんな角度、視点から考えてみる。立場の違う人から話を聞いたり、実際に自分で体験してシミュレーションしてみたり、優先順位をつけたり。未来の理想の自分ならどんな答えを出すのか、そのイメージに従って選んでみるのもいいでしょう。
必ずしもほかを切り捨て、どれかひとつだけを選びとる必要はありません。ゆらゆらと天秤を揺らしながら、納得できる落としどころを見つけ、どちらも手に入れる方法を考えてもいいのです。
なんの材料もなく悩んでも、ただ時間が過ぎていくばかりで一向に答えは見つかりません。天秤を揺らすには、その皿にのせるおもりが必要なのです。

それに、いい悩み方をしていれば、次に何かにぶつかったときも、自分が判断するためには、どんな情報が必要なのか、どうシミュレーションすればいいのかがわかってきます。

どこかに理想の着地点があるかもしれないと追い求めるから、天秤は揺れ続けるのです。その揺れを止めなければ、必ずいい答えにたどり着きます。

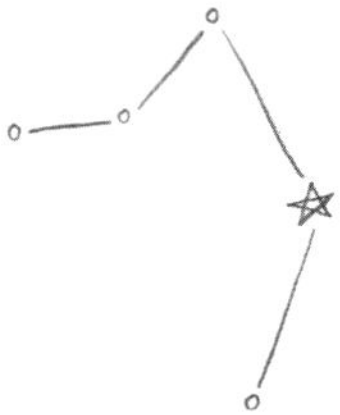

天秤座

見える時期　夏

見える方向　7月、南の空低く

人生の道に迷っているとき、
エリダヌス座が教えてくれること。

あえて流れに身を任せる。

冬の南の空、くじら座の足元からオリオンの足元方向へ、さらに南へ下るように連なる長い星座が見えるでしょう。自分ではコントロールできない困難に直面したときは、このエリダヌス座を見上げてみてください。

たとえば、会社の仕組みが変わり、働きづらくなってしまった。恋人が心変わりして、急に冷たくなった。結婚しようと思っていた相手の急な転勤が決まった。こんなとき、人はどうにかして状況を変えたいと思い、焦って動き回ってしまいがちです。しかし、ただがむしゃらに動いてみても事態は好転していきません。そのことは、エリダヌス座の神話を読んでもわかるでしょう。

太陽神アポロンの息子だったパエトンは、父が司る太陽を乗せた馬車に勝手に乗り込みます。ところが、未熟な彼は近づ

くものすべてを焼き尽くしてしまうというその馬車をコントロールすることができず、暴走してしまいました。地上を焼き焦がされることをおそれたゼウスに雷を落とされ、パエトンが落ちた先にあったのがエリダヌス川なのです。
太陽。それは、とても大きな自然の力です。とうてい、誰かの力でどうにかできるようなものではありません。そんなものをコントロールしようとしても、逆に事態を悪化させ、まわりに迷惑をかけてしまいます。それどころか、本当に大切なものまで失ってしまうかもしれないのです。
だから、自分の力だけではどうしようもない状況に陥ったなら、その大きな力にあらがわず、受け入れることも必要です。
働きづらくても、与えられた仕組みのなかでがんばってみる。
相手に距離を置きたいと言われたら、その言葉を受け入れる。
結婚相手の転勤に、そのままついて行ってみる。
それでもつらいと感じるのなら、一度、考えることをやめてみましょう。目を閉じ、頭も心も空っぽにしてみればいいのです。すると、パエトンの落ちた先にエリダヌス川があったように、あなたを受け止めてくれる何かが現れるはずです。

それはあなたに手をのばし、そこから引き上げてくれる人かもしれないし、自力で抜け出すためのアドバイスをくれる人かもしれません。もしくは、何か新しい仕事や趣味に出会って変わることもあるでしょう。
それに出会えたら、すべて受け入れて流れに身を任せてみてください。そのエリダヌス川は、きっとあなたを幸せな場所へと運んでくれるはずです。

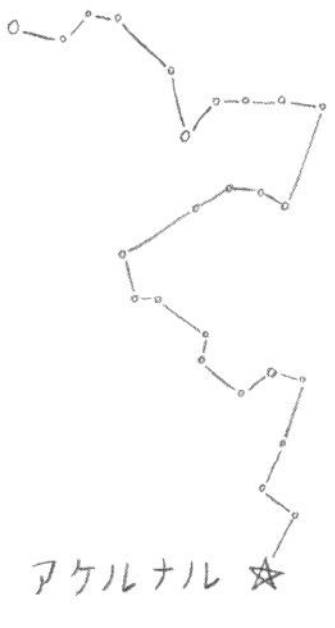

エリダヌス座

見える時期　冬
見える方向　1月、南の空

人生の道に迷っているとき、
牡羊座が教えてくれること。

まちがってもいい、一歩踏み出す。

牡羊座は、英雄イアソンが冒険の航海の果てに得た金羊皮（黄金の羊の皮）が天に引き上げられて星座になったものとされています。昼夜眠らずに火を噴くドラゴンに守られていた金羊皮を、イアソンは死闘の果てに手に入れました。
このことから牡羊座は、果敢な勇気や大胆な行動力を司る星とされています。ハマル、シェラタン、メサルティム。秋の夜、南の空高くに輝く牡羊座を見つけるには、三つの明るい星座がつくる細長い三角形が目印です。
英雄とは、古い自分を打ちこわして新しい自分をつくりあげる象徴のような存在です。ときには恐ろしい敵に出会うこともあるでしょう。けれどそれでも、住み慣れた環境を飛び出して、困難がふりかかるたびにそれを乗り越えるからこそ、最後に得難い宝を手に入れることができるのです。

大きな決断をするとき、どんなに自分の中に確信があったとしても、最後の一歩に尻込みすることはあるでしょう。そんなときは、英雄と牡羊座の力を借りましょう。直感と衝動をつかさどる牡羊座の力に背中を押してもらうのです。
どんなに慎重に検討しても、リスクがゼロになることはありません。しかし、それを恐れて一歩踏み出さなければ、何も手にすることができないことだけはたしかです。
イアソンだって、航海に出てドラゴンを倒さなければ金羊皮を手に入れることはできませんでした。もしかしたら、戦っても金羊皮は手に入らなかったかもしれません。でも、たとえ金羊皮を得られなくても、その経験や勇気、自信は必ず残ります。
優勝を目指して大会に出場する。もし優勝できなくても、それまでトレーニングを積んだ肉体、共に高めあうライバル、諦めずに挑戦する気持ち、やり遂げた自信はあなたの手元にあるはずです。新しい仕事やプロジェクト、新しい恋も同じです。最初に狙っていた宝物は手に入らなかったとしても、チャレンジすれば必ず何かしら得るものはあります。

大切なのは、チャンスが訪れたときに一歩踏み出す勇気。それがたとえまちがっていてもいいのです。一歩を踏み出したあなたがいる場所は、前と同じではないのですから。それに、まちがったと気づいたときには、そこからまた次の一歩を踏み出せばいいだけ。イアソンの航海のように、道はまっすぐじゃなくてもいいのです。牡羊座は、臆病になる自分の心を打ちこわし、一歩踏み出す勇気をあなたに与えてくれるでしょう。

牡羊座

見える時期　秋
見える方向　12月、南の空高く

恋してるとき。

恋してるとき、
矢座が教えてくれること。

あなたの想いは必ず伝わる。

もしあなたに今、好きな人や気になる人がいるのなら、エロス（キューピッド）の力を借りましょう。矢座の矢はキューピッドの矢。射ぬかれた者は、人間であれ神であれ、たちまち心を奪われてしまう恋の矢です。
夏の終わりから秋の始めにかけて南の空高くに上がる、細長いY字形の小さな星々を探してみてください。
王女プシュケの美しさに嫉妬したアフロディーテは、息子のエロスに彼女を罰するように命じます。ところが、彼女に心奪われたエロスは、よろめいた拍子に矢で自分自身を傷つけてしまいます。プシュケを助けたエロスは、決して顔を見ないと彼女に約束させ、結婚しました。夜の闇の中だけでもふたりの夫婦生活は満ち足りていましたが、あるときプシュケは、こっそりエロスの顔を見てしまいます。そのあまりの美しさに驚いたプシュケもまた、よろめいて踏んづけた矢で自分自身を傷つけてしまうのです。そうしてついにプシュケも、エロスに心からの愛を注ぐようになったのでした。

あなたもエロスとプシュケのように、思い切って気になる相手に矢を放ちましょう。いきなり告白なんてできないと思うかもしれませんが、なにも「好き」と言葉にして伝える必要はありません。そんなことをしなくても、あなたの想いはちゃんと伝わります。たとえば、相手の話を誰よりもしっかり聞いて、好きなものを覚えておいたり、相づちを打つ。毎朝笑顔で挨拶するだけでも十分です。大切なのは、自分にも相手にも「好き」という気持ちを隠したりしないこと。「好きってバレたらどうしよう」なんて思わず、誘われたら素直に大よろこびしてください。メールだってすぐに返信してもいいし、視線が合っても慌ててそらさなくていいのです。顔が赤くなっても、声が上ずっても、気にしないで。その視線、表情、仕草、文章のひとつひとつから、あなたの「好き」の矢は放たれているのですから。

矢が刺さる前のプシュケは、夫の顔が見えなくても幸福なと

きを過ごしました。相手の本当の姿を知らず、自分が抱いたイメージに魅了されている状態は、穏やかな愛というよりも心躍る恋のはじまり。エロスとプシュケの神話は、「そのひとときを、楽しめるうちは思う存分楽しみなさい」と私たちに告げています。嫌われたらどうしよう。ほかに好きな人がいたら……。そんなふうに迷い、ためらうよりまえに、あなた自身の恋を心の底から楽しんでください。自分の腕のなかで握りしめたままでは、矢は誰のもとへも届きません。風にゆだねて思いきり、想う人へ向かって矢をつがえた手を離してみましょう。

矢座

見える時期　夏
見える方向　9月、南の空高く

恋してるとき、
魚座が教えてくれること。

愛されるより先に愛する。

どんなに相手のことが好きでも、報われないときもあるでしょう。あるいは、自分が心をこめているほどには、相手からの愛情が感じられないということもあるかもしれません。一方通行な気持ちに苦しんでいるときは、魚座に宿る無償の愛に触れてみてください。

ペガサス座とくじら座のあいだに位置する魚座は、どちらかというとあまり目立たない星座で、見つけるのにちょっと苦労するかもしれません。けれど、肉眼では見えなくとも、アンモナイトのように渦を巻く小さくて美しい銀河を抱いています。

魚座の前身は、愛の女神アフロディーテと息子のエロスとされています。ユーフラテス川のほとりで宴会をしていると、突然、怪物テュフォンが現われました。神々が次々と魚に変身して川に飛び込むなか、アフロディーテとエロスは離れ離れにならないよう互いの尾をりぼんで結びました。そんなふたりをつなぐ絆こそが、魚座のシンボルです。自分だけでなく相手をも守ろうとする、深い愛や自己犠牲を象徴しています。

自分はこんなに想っているのに、最近メールの返事がそっけなくなった。趣味や男友達と遊ぶヒマがあったら、もっとたくさん会ってほしい。仕事のことばかりじゃなくて、もっと自分のことを考えてほしい。

そんなふうに愛されていない証拠を数えるよりも、まずはあなたがどれだけその人を好きか思い出して、どんなところが好きか、一緒にいるとどれだけ楽しいかを数えてみてください。

仕事のできる彼が頼もしい。仕事をしているときの真剣なまなざしが好き。友だち思いで、やさしいところが好き。好きなことについて熱く語ったり、夢中になっているときの無邪気な顔を見ているとしあわせな気持ちになれる。

もしかして、愛されているかどうか不安な気持ちにとらわれ

てばかりで、相手を愛する気持ちを忘れていませんか。
そんなときは相手の好きなところをもう一度思い出して、純粋に相手が喜ぶことを考えてみましょう。あなたのほうから愛を贈ってみてください。
魚座が理想とするのは、「自我」の放棄。そして、愛の女神が姿を変えた魚座にとっては、人を愛することが生きるための原動力なのです。愛されるかどうかを気に病む前に、まずはあなたの内側から生まれる愛を信じてみましょう。あなたと相手の尾を結ぶりぼんの絆が確かなら、少し離れているように見えてもきっと、アフロディーテとエロスのようにはぐれることはないでしょう。

魚座

見える時期　秋
見える方向　11月、南の空高く

恋してるとき、
蟹座が教えてくれること。

別れの痛みが何かに変わる瞬間。

勇者ヘラクレスが怪物ヒドラと戦ったとき、ヒドラの加勢をしようと大きな蟹が飛び出しました。英雄の足をがっちりと挟み込み、沼に引きずり込もうとした蟹ですが、最後はあえなくヘラクレスに踏みつぶされてしまいます。これを哀れに思った女神が空に上げ、蟹座となったとされています。
蟹が英雄を邪魔するさまは、過去の思い出や経験、記憶が保守的に働き、新しいことを起こそうとするのを阻んでいることを暗示します。ですが一方で、ちっぽけな存在でもヒドラのために果敢に戦った蟹は、大切な誰かのためになら自分をなげうって支えることができる強さを象徴します。ホロスコープのいちばん下に位置する蟹座には、すべての星座を支える性質がそなわっているのです。
相手への想いが強ければ強いほど、別れの瞬間にはひどい痛みがともなうでしょう。もう一度もとに戻りたい。楽しかった日々を取り戻したい。忘れなくちゃいけないのはわかっているけど、思い出が押し寄せてどうしても振り切ることができない。その傷は簡単に癒えるものではありません。ですがその痛みは、あなたがそれほどまでに誰かを愛することができたという、強さの証。自分以外のために心と身体を尽くすことのできた記憶と経験は、きっとあなたに何かを残してくれているはずです。
どうしても痛みを消せないのならば、その記憶を綴ってみてください。友だちに話を聞いてもらうのでもかまいません。一緒に行って楽しかった場所。言われてうれしかった言葉。自分がしたことで相手が喜んでくれたときのこと。ひとつひとつ思い出をたどっていけば、その恋があなたにもたらしてくれたものが見えてくるでしょう。そのなかで、「あのときこうしていればよかったな」「あんな言い方をするんじゃなかった」という後悔も湧き出るはず。ときには相手に対する怒りも生まれるでしょう。そのすべてを胸に刻んで、新しいあなたを育てるための養分としてください。

蟹座はあまり目立たない小さな星座ですが、かつては夏至のころに太陽が通過することから、最重要の星座のひとつとされてきました。夏至のころを一年のはじまりにしていた古代エジプトでは蟹座ははじまりの星座とされ、ルネサンスの哲学者は「人間の魂は星空から蟹座を通過して地上に生まれ落ちる」と考えました。
心が痛んで苦しいときは、蟹座を見上げてみてください。あなたが別れの痛みを乗り越えて、新しく生まれ落ちる手伝いをしてくれますから。

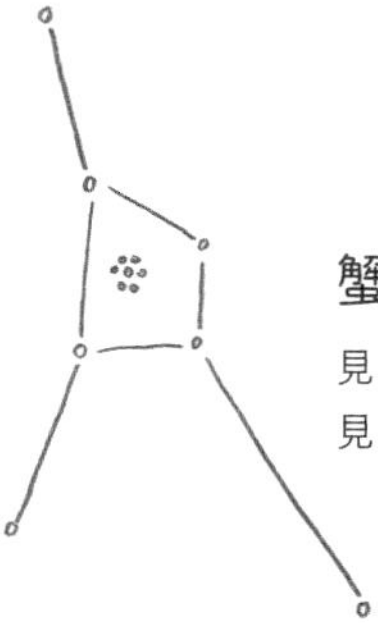

蟹座

見える時期　春
見える方向　3月、南の空高く

恋してるとき、
金星が教えてくれること。

愛する覚悟をもつ。

美と愛の女神といわれるアフロディーテですが、みなさんは愛の女神というと、どんな女性を想像しますか。ひとりの男性への愛を貫く女性でしょうか。あるいは、みんなの愛が成就するように尽くす女性でしょうか。いえ、アフロディーテはそのどれでもありません。彼女は気が多く、多くの男性と関係をもつ、浮気性の女神だったのです。
なかでも有名なのが、職人の神であるヘーパイストスという夫がいながら、戦いの神アレスに恋し、夫が留守のときは自宅に招き入れていたというエピソードです。アフロディーテの不倫を知った夫はベッドに罠を仕掛けます。アフロディーテとアレスはまんまとその罠にはまってしまい、夫が集めた神々たちに裸で抱き合う姿をさらされてしまうのです。
浮気をするとヒドい目にあうから、浮気はいけないことだ。

このエピソードは一見そう言っているように思えるかもしれませんが、実はそうじゃないのです。
罠がほどけたとき、アレスは一目散に逃げ出しましたが、アフロディーテは余裕で笑っていたといいます。浮気現場が夫に見つかり、ほかの神々にもさらされ、恋人はその場を逃げ出した。そんな状況でもアフロディーテが余裕でいられたのはなぜか。それは、彼女に覚悟があったからです。愛の結果、起こるすべてのことを引き受ける覚悟が。
もし今の恋がつらいと感じるなら、アフロディーテが宿る金星の力を借りるときです。夕方の空を見上げ、一番星を探してみてください。もっとも明るく輝く星を見つけたら、それはほぼ金星のこと。暁の明星、宵の明星ともいわれる金星は、真夜中には見えません。そんな明るく輝く金星に誓ってみてください。
覚悟とは、主体的になるということです。相手に選ばれ、合わせ、遊ばれるのではなく、自分から選び、楽しむこと。わがままに、自分の心が赴くままに誰かを愛するアフロディーテが望んでいるのは、「全力で恋を楽しむこと」だけ。つら

いだけの恋なら、やめてしまいましょう。たとえつらい思いをすることになるとわかっていても、あの人と過ごす時間が楽しいと思うなら、そのひと時を存分に楽しめばいいのです。
これは何も浮気や修羅場に限ったことではありません。普段なら「愛に生きる」とかんたんに言えますが、その愛は試されるときが必ず来ます。そのとき、覚悟をもっている者だけが、ほんとうの愛をつかむことができるのです。
覚悟をもって愛に身を投じれば、たとえ何が起きたとしても、あなたは、傷つくことも、後悔することもないでしょう。

金星

見える時期　年によって違うので、
見える方向　天文年鑑などを
参照してください。

自分らしく仕事したいとき。

自分らしく仕事したいとき、
ヘラクレス座が教えてくれること。

意味やメリットがあるか考える。

忙しさに追われるうちに、なんのために働いているのかわからなくなってきた。仕事に疲れ、心と身体がすり減っているのを感じたなら、夏の夕暮れどきに頭上を見上げてみてください。ギリシャ神話最大の英雄ヘラクレスが逆さに描かれているのが見えるでしょう。
大神ゼウスとその愛人とのあいだに生まれたヘラクレスは、正妻ヘラの深い嫉妬を買うこととなり、結果、十二の試練に立ち向かうはめになります。しかし、ヘラクレスは命の危険にさらされながらも試練を終えて「自分の存在を認めてもらう」ため、ひとつも途中で放り投げることなく、見事に試練をクリアしました。
しかし、あなたもヘラクレスのようにただガマンしてがんばれということではありません。彼がなぜつらい試練を乗り越えられたのか。それは、試練に立ち向かう前に、行くかどうかを自ら選んだからです。あえて困難な道を選ぶこの選択を「ヘラクレスの選択」と言いますが、今の仕事には、その苦労を乗り越えてがんばるだけの意味やメリットがありますか？休みは少ないけど、これを乗り越えたら確実に人脈が広がるし、いつか自分のお店や会社を持つためには絶対に必要なもの。そのためならがんばれると思うなら、もう少し続けてみませんか。

逆に、いくら考えても意味やメリットを見出せないなら、そのときは辞めてもいいのです。それは、あなたにとって必要なガマンではないということ。無理をしてまで続けることはないのです。

ここで一度、じっくり考えてみましょう。もしかしたら、もっとちがう方法を思いつくことだってあるかもしれません。どちらがいいのか、どうすればいいのか、しっかりと自分の気持ちに向き合い、選んでみてください。

ただ、自分で選んだからといって、必ず最後までやり遂げなければならないということもありません。たとえかつての自

Book

分が選んだものだとしても、今のあなたにとっても同じように意味があるとは限らないからです。その選択をしたとしても、苦しくなったらまた考え直せばいいのです。
あなたが立ち止まったということは、選択するときが来たということ。もしかしたら、それは道筋だけでなく、目的から見直すような選択かもしれません。
それでも、夜空を見上げればヘラクレス座がその目的を照らしてくれる。再び試練に立ち向かう情熱も湧きあがってくるでしょう。

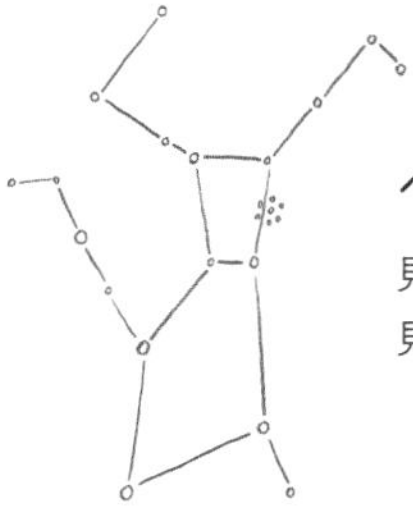

ヘラクレス座

見える時期　夏

見える方向　8月、天頂付近

自分らしく仕事したいとき、
土星が教えてくれること。

目の前の小さな仕事を大事にする。

地道なデータ収集、電話取りや書類の整理。任されるのは「これになんの意味があるの？」と思うようなものばかり。そんなときは土星の力を借りましょう。
土星に象徴されるのは、時間の神クロノス。かつて人間と神々がともに地上で暮らし、幸福だけで満ちあふれていた黄金時代に、その理想郷を支配する神でもありました。大地を耕し、四季に変化をもたらし、人類にさまざまな豊かさをもたらしたクロノスは、誕生と成長、死と再生といった自然のサイクルをも司っていたとされています。
まずはしっかりと大地に足をつけ、その足元を堅実に耕しましょう。ほんの小さな種でも、蒔いたあと、こまやかに世話をすれば必ず芽が出て、立派な苗になります。収穫するころには想像もしていなかった宝に成長しているかもしれません。

土星はそんな、未来に投資する精神と現実的な努力を象徴しているのです。
あなたがやっている地味な仕事も、いま目の前で見るとつまらないことかもしれません。でも、あなたのつくった会議資料が、1週間後の会議でプレゼンする人のためのアイデアを引き出したり、ただの思いつきだったものがすごい企画に発展したり、あるいは、もっと別のプロジェクトのヒントになるかもしれません。
取引先との電話ひとつでも、普段から言葉づかいのひとつひとつ、話す内容に気を配っていれば、その積み重ねで信頼関係ができ、長く付き合ってくれる顧客になるかもしれません。
どんな小さな仕事も、その場その場ではなく1週間後、1か月後、1年後の会社の未来という長いスパンで見れば、必ず意味のあること。大きなビジネスや社会に果たす役割にもつながっていくのです。
だからこそ、目の前のことを大事にする必要があります。あなたの目の前の小さな仕事を大事にしていれば、いつか必ず評価されます。すぐに結果が出なくても、焦らなくていいの

12
9
3
6

です。ゆっくりと時間をかけて、ひとつひとつの仕事とじっくり向き合う。「時間」は裏切りません。かけた分だけ、あなたの糧になります。
あなたがなにを育て、なにを刈り取っていくのか、土星は遠い宇宙から見守っています。土星はただ堅実であるだけでなく、その積み重ねによって得られる現実の恩恵を示す惑星。ふわふわと甘い夢を見るだけではない、深みのある人生をあなたが求めるなら、それを支えるだけの静かな知恵をプレゼントしてくれるでしょう。

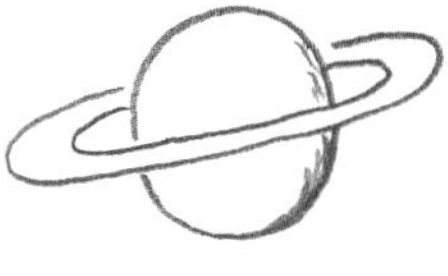

土星

見える時期　年によって違うので、
見える方向　天文年鑑などを
参照してください。

自分らしく仕事したいとき、
牛飼い座が教えてくれること。

自分の武器、自分の居場所をつくる。

かつて、ゼウスをはじめとするオリンポスの神々が世界を統治するより前、神々は巨人たちと激しく争いあっていました。ついには神々が勝利をおさめ、巨人族は地下に幽閉されてしまいますが、なかでも温厚だった巨人アトラスだけは地上に残ることを許され、天を支える役目をおわされました。ヘラクレスの十二の試練にも登場する、重い天をひとりで支え続けるアトラスこそが、牛飼い座の姿だとされています。
愛嬌がよくて、人のふところにもぐりこむのがうまい。ミスのない資料をつくるのが得意だ。口は達者でプレゼンで人を巻き込むことができる。もしあなたに、ひとつでも「これならできる」と思うものがあるのなら、それを伸ばす努力をしてみてください。「大得意」でなくてもいいのです。「たったそれだけ？」と人から言われるようなことでもいいから、自分の“売り”を見つけてください。
アトラスがただひとり地上からの追放をまぬがれたのは、「温厚だった」というだけの理由でした。けれど、それだけのことが最大の利点になることもあります。どんなときもにこにこしていて愛想がいい、たったそれだけのことで営業先から好かれて契約がうまく運ぶこともあります。ときには「いつも確実な仕事をしてくれる」という信用が、あなたの地位をかためてくれるでしょう。自分の長所を理解し、意識的にそれを強化してみると、「たったそれだけ」のことが立派な武器になるかもしれません。
もしなにも思いつかなかったとしても、心配する必要はありません。そのときは、あなたのいる場所をじっと観察してみてください。まわりにいるのは、どんな人たちでしょう。完璧な人ばかりではないはずです。最近中国の顧客が増えているけど中国語が得意な人がいない。男性が多くて女性目線でサービスを見ることができていない。商品やサービスはすごくいいのに、PRが弱くて売上げが伸びていない。おもしろいアイデアを思いつく人はいるけど、それを実現可能な形に

整える人がいない。その部署に、職場に、足りていないものは何か観察してみてください。
巨人たちの全員がやさしくて争いを避ける性格ならば、アトラスだけが許されるなんてことはなかったでしょう。温厚さが利点となったのは、ほかの巨人たちがそうではなかったから。今あなたの職場に足りないものを探して、自分の興味や得意なことと結びつけられれば、それがあなたの武器になります。「自分にしかできないこと」を、あなたの手でつくってみてください。

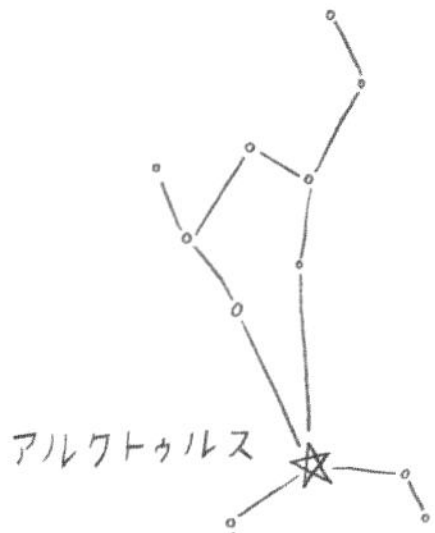

牛飼い座

見える時期　春

見える方向　6月、天頂付近

自分らしく仕事したいとき、
水瓶座が教えてくれること。

新しい要素をひとつプラスする。

仕事をがんばればがんばるほど、もっとはっきりとした手ごたえと実感がほしくなるもの。けれどどこか壁を越えられずくすぶっていたり、くりかえしの毎日に飽きてしまっているなら、水瓶座を探してみてください。水瓶座には目立つ星がないので、その隣にある南の魚座のフォーマルハウトが目印です。

全身が黄金色に輝く美少年ガニュメデス。一目見るなりガニュメデスに心を奪われたゼウスは、みずから鷲の姿に変身して彼に近づき、オリンポスに連れ去りました。永遠の若さと美貌を約束されたガニュメデスは、神殿にとどまり役目を受けることにしました。そんな彼が神酒の壷を抱える姿が、水瓶座となったのです。

少年が水瓶から水を流す姿で描かれる水瓶座は、インスピレ

ーションの象徴でもあります。彼の持つ水瓶からは、絶えずインスピレーションが溢れ出ているのです。その力を借りて、あなたも今ある仕事に何かひとつ加えてみましょう。
たとえば、商品のパッケージをかわいく工夫したり、目を引くポップを作る。カフェなら、メニューもただのカレーじゃなくて、ネーミングや盛り付け方にこだわってみる。マッサージ店と猫カフェを組み合わせたり、歯医者で治療中に映画が見れないか考えてみる。
そんなにいろいろ思いつかないと思うかもしれませんが、あれこれ詰め込む必要はないのです。鷲に変身したゼウスによって連れ去られたガニュメデスのように、あなたも鳥になった気分で全体を見渡してみましょう。すると、より楽しくするには何を加えるといいのか、ひとつくらいは見えてくるはずです。なくても問題はないけど、あるとわくわくするような何かが。
もしかしたら、まわりから抵抗されることもあるでしょう。でも、それも含めて楽しんでしまえばいいのです。それがあなた自身の可能性を広げ、新たなビジネスチャンスのきっかけになるかもしれません。あなたの注いだ一滴が、新たなインスピレーションの泉に変わるのです。
水瓶座は、高度な客観性を持ち、透明な知性や、常識にとらわれない自由な発想力を象徴しています。天に浮かぶ孤高の美少年のもつ水瓶から、インスピレーションが湧き出して、あなたの頭上に注がれるはずです。

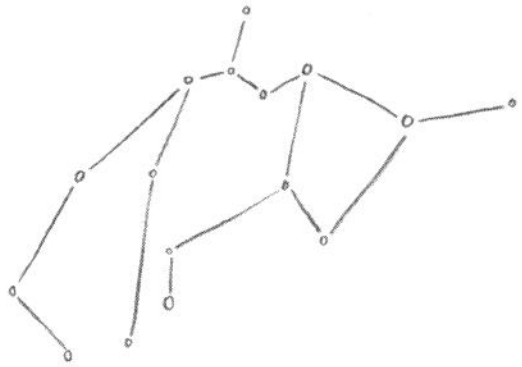

水瓶座

見える時期　秋

見える方向　10月、南の空

なんとなくやる気が起きないとき。

なんとなくやる気が起きないとき、
双子座が教えてくれること。

新しいことを探す。

毎日、たいしておもしろいことはないし、やりたいことも見当たらない。だからついついぼんやりしたり、だらだらしてしまう。そういうときは、軽やかに世界をかけまわる双子、カストルとポルックスの力を借りてみましょう。
北の高い空に明るく輝く、青白い星・カストルと淡い黄色の星・ポルックス。このふたつ星を含んで二列に並ぶ星々が、仲睦まじい双子の兄弟に見えることから双子座と呼ばれるようになりました。
神話によると、カストルとポルックスの母親はスパルタの女王レダ。白鳥座でも登場した、ゼウスが心惹かれた美しい女性です。けれどレダには人間の夫がいたため、兄カストルは神の血を引く不死の存在、弟ポルックスは人間の血を引いた限りある命を持った存在として生まれてきました。やがてポルックスが戦場で命を落としたとき、弟と死別する運命に耐えられなかったカストルは、ゼウスに自分の不死を返上したいと訴えます。その兄弟愛に胸を打たれたゼウスが、ふたりを並べて天に上げ星座としたのでした。

カストルとポルックスという2人の人格を宿しているように、双子座はいろんなものに興味を持つ、好奇心の象徴です。情報への感度が高く、新しいものや流行りものが大好き。あれもこれも気になって、すぐに目移りしてしまう。まるで軽やかな翼をもっているかのよう。その翼をあなたも背中につけてみましょう。

流行のファッションを取り入れる。普段は行かないイベントに参加してみたり、思い立ったら未経験のスポーツでも挑戦してみる。

まだそこまでのやる気が起きないなら、とにかく観察する機会を増やしてみてください。

カフェや美術館でそこに集まる人たちを観察する。街をぶらぶら歩きながら、お店や看板を眺めてみる。すると、いろんな発見があるでしょう。

おいしそうな和菓子を見つけたら、和菓子作りってどうやるんだろうと思い、体験できる場所がないか探してみる。
オープンしたばかりのお店にあったお祝いの花に惹かれ、フラワーアレンジメントを始めてみる。
はじめは気分が乗らなかったとしても、新しいものに対面すると、なんとなくわくわくしてきませんか。もっとおもしろいものはないか、もっとおもしろいことができないか。
続けられるかどうかなんて気にしなくていいので、興味が湧いたらとりあえずやってみる。ふたりの星に導かれて、好奇心のアンテナを思い切り広げれば、世界はどんどん広がっていくでしょう。

双子座

見える時期　冬
見える方向　3月、南の空高く

なんとなくやる気が起きないとき、
ペルセウス座が教えてくれること。

刺激的な人にふりまわされてみる。

なにかやりたい気持ちはあるけど、なんとなく腰が重い。自分だけでは動く気になれない。そんなときは、誰かの誘いに乗っかってみましょう。
秋の空のてっぺん近くで剣をふりあげ、怪物メデューサの首を手にした姿で描かれるペルセウス座。ギリシャ神話ではヘラクレスと並んで名高い英雄です。
あるときアルゴスの王は、娘ダナエの子どもに命を奪われるという神託を受け、彼女を塔に幽閉しました。けれどダナエの美しさに惹かれたゼウスが塔に忍び込み、ペルセウスをもうけます。箱にとじこめられて海に流されたダナエとペルセウスは、ポリュデクテス王に助けられますが、今度はダナエに恋したポリュデクテス王に疎まれ、見る者すべてを石に変える怪物メデューサの首を打ち取るよう命じられてしまうのです。
ヘラクレスが自分のために冒険に出たのと対照的に、もともとペルセウスが冒険に出たのは、母を守るためでした。自分のなかだけではやりたいことが見つからないなら、自分のためではなく、誰かのために行動してみるというのもひとつの方法です。
友だちの誕生日を祝うために、おいしそうなお店をリサーチしてみる。初デートに着ていく服を選びたいから付き合ってと言われたら、相手が納得するまでいくらでもウィンドウショッピングに付き合う。お弁当で飾り巻き寿司をリクエストされたら、喜んでもらえそうな模様を考えてみる。1人では恥ずかしくて勇気が出ないという友だちと一緒に、婚活パーティーに参加してみる。ライブのチケット争奪戦に協力してほしいと言われたら、相手よりも必死になる勢いでゲットしてみませんか。
自分のためにはやらないけど、誰かのためならやってあげたいと思えることもあるでしょう。はじめは誰かのためにやったこと、巻き込まれて振り回されただけかもしれません。で

もそうしているうちに、いつの間にか自分も興味が湧いてきたり、楽しくなってきたのではないでしょうか。
ペルセウスは自分のためではなく、人のために冒険に出かけました。
母を守るため、女性への愛ゆえに冒険へと出かけた彼ですが、自分のためになることがなかったかというと、そんなことはありません。
旅の途中で老女や女神に助けられ、妻と出会い、幸せな家庭を築きました。
きっかけは自分のためじゃなくても、思い切って冒険に出てみれば、あなたが本当にやりたいこと、ほしいものが見つかるかもしれません。

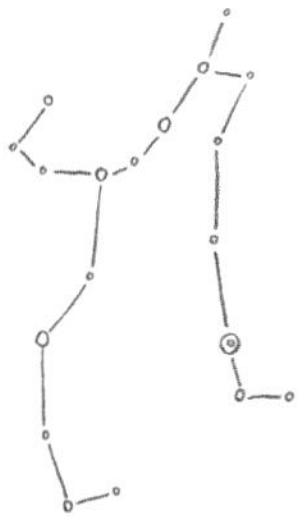

ペルセウス座

見える時期　秋
見える方向　1月、天頂付近

なんとなくやる気が起きないとき、
コップ座が教えてくれること。

とことん休む、慌てずじっくり。

春、南の空に浮かぶコップ座は「クラテール」を意味します。これはわたしたちがふだん使っているようなコップとは少し異なり、酒を入れたり混ぜたりするような立派な容器のこと。神話によれば、酒と豊穣の神ディオニソスが酒造りを教えるために人間に与えた杯だとか、太陽神アポロンのものだとか、魔女メディアが薬草をすりつぶした鉢だともいわれています。のちにはキリスト教と結びつき、イエスの血液を受けた聖杯だとする説もあるようです。
心地よい酩酊に誘う酒であったり、あるいは癒すための薬草であったり、その中身は諸説によってさまざまですが、いずれにせよクラテールは内になにかを浸すものであり、なにかを生成するものです。聖なる容器は「子宮」をあらわすことも多く、内側でものごとがゆっくりと育ち成長していく過程を示してもいます。
何を試してみても気持ちが乗らず、どうしても積極的に何かをする気になれないのなら、それはあなたの内側にあるクラテールが、まだ何にも満たされていないことを示しているのかもしれません。そんなときは夜空のコップ座を見上げて、ぼんやりと静かに過ごしてみましょう。
あわててコップに水を注げばこぼれてしまうし、勢いづいて溢れかえってしまうかもしれません。ゆっくりゆっくり水が満ちていくのを、そしてそのなかで何かが生まれるのを待つのもひとつの方法です。
何か新しいことに少しだけ興味が湧いたけど、でもまだ本格的に動き出すほどではないときは、関係する本を読んだり、ネットサーフィンして関連情報を調べたり、それを始めた自分を想像してみるだけでもいい。そのうち自分の熱量が高まり自然に動き出せるのを、待ちましょう。
本当に何もしたくなければ、無理に予定を入れたり誰かと約束したりせず、昔読んだ本や昔観たDVDを観たり、どうでもいい妄想をたのしんだり、あるいはただただ眠ったり、身体

の求めるままにのんびりしてください。
なにもできないからって、焦る必要はありません。やる気の起きない状態の自分を受けいれてあげましょう。水面が波打つように、ときには感情が揺れることもあるかもしれませんが、それさえもあるがまま受けとめてください。
そうするうちにやがて、心と身体が癒されて、あなたの内側で新しい何かが生まれるのを感じることができるでしょう。
コップ座は金星と、いくぶんか水星に似た影響力をもつともされています。やさしさや共感の能力、そして寛大さとつながっているコップ座の安らぎに身を任せ、時が満ちるのを静かに待ってみてください。

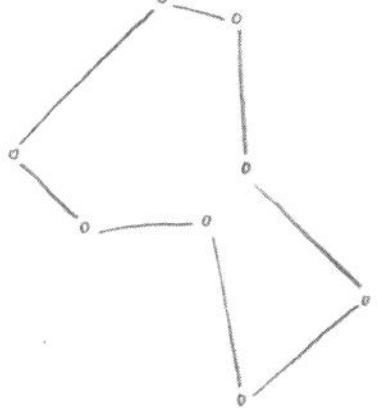

コップ座

見える時期　春
見える方向　5月、南の空

なんとなくやる気が起きないとき、
鷲座が教えてくれること。

本当にやりたいことに、正直に。

夏の大三角の一片をつかさどる一等星アルタイルは、七夕神話の彦星で知られる星。その両脇には小さな星がならび、鷲が大きな両翼をのびのびと広げて飛ぶ雄大な姿が見えるでしょう。夏から秋にかけて南の空高くに、アルタイルを中心として鷲座は輝いています。
この鷲は、一目惚れした美少年ガニュメデスをさらうために変身した大神ゼウス自身の姿とされています。白鳥や黄金の雨など、ひとたび心を奪われたゼウスはどんな姿にも変わります。美しき者を手に入れるためなら手段をいとわないゼウスは、強い情熱を象徴するといわれています。
どんな人でも、どうしてもやりたいことや手に入れたいものを前にしたときは、軽やかに自然に体が動き出すはず。ゼウスのように、目的のために一直線、なりふりかまわずつっこ

んでいくはずです。

もしあなたがいま目の前のことにやる気をもてないでいるなら、本当にやりたいことから目を背けていないか、考えてみてください。

どうしても忘れられない夢。心を揺さぶられるほど好きなこと。寝食忘れて夢中になってしまう何か。思わず体が動き出してしまう何か。あなたのなかにもそういうものがないか、一度、自分の心にきちんと向き合ってみてください。ハードルが高いから、環境が許さないから、いつのまにかあきらめているだけではないでしょうか。けれど本当はずっと胸のうちにくすぶっているから、ほかのことに身が入らないだけかもしれません。

経理の部署に配属されたけど、営業の仕事がしたい。まわりの目もあるし就職はしたけど、一度は留学をしてみたい。主婦として毎日の家事をするのもきらいじゃないけど、本当は外の世界で働きたい。もしそんな自分のなかの本当の願いに気づいたのなら、それをかなえるためにどうしたらいいのか考えてみてください。転属希望を出してみる。留学にかかる費用を計算して貯金をはじめる。家族に相談したり、週に数度の仕事をはじめたりしてみる。本当に願うことのためならきっと、あなたの気持ちは上に向いて、少しずつでも動き出せるはずです。

ガニュメデスの美しさに心奪われるなり姿を変え、彼をめがけて羽ばたいたゼウスのように、内なる情熱に従ってみてください。自分で自分をいつわるのはやめて、心が見通す真実に忠実になれば、あなたはどんな形にも自分を変えて、目的に向かうまっすぐな気持ちをとりもどせるでしょう。

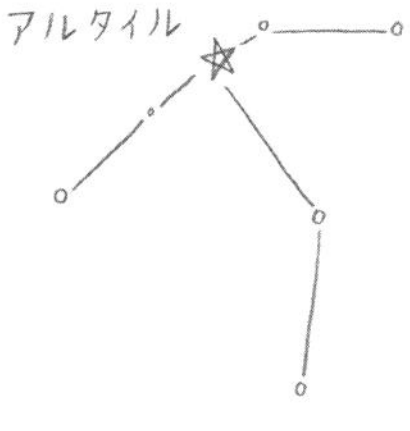

鷲座

見える時期　夏

見える方向　9月、南の空高く

自分をもっと好きになりたいとき。

自分をもっと好きになりたいとき、
獅子座が教えてくること。

かんちがいでも自分をほめる。

自分のことを思い返すとダメなところばかりが目について、ついつい「私なんて……」と口にしてしまう。そんなあなたが、もっと自分を好きになりたいと願っているのなら、英雄ヘラクレスが退治した獅子の衣を身にまといましょう。

十二の試練を与えられたヘラクレスが、最初に行ったのがネメアの森に住む化け獅子退治でした。普通の武器が通用しないこの獅子に、ヘラクレスはなんと素手で立ち向かい絞め殺してしまいます。以後、成功のしるしとして獅子の皮を身につけ旅を続けますが、このヘラクレス相手によくぞ戦ったとその功をたたえられた獅子もまた、天に上げられ星座となりました。春の夜の代表的な星座である獅子座は、明るい一等星レグルスを筆頭に、夜空で堂々とした威厳を放っています。

荒々しい獅子は、激しいエネルギーや何者にも打ち負かされない生命力を象徴しています。獅子の皮を身にまとい、そのみなぎるパワーを自分のものとしたことで、ヘラクレスはさらなる強さを手に入れたのです。
ヘラクレスが獅子のパワーを借りたように、かんちがいでも「自分はすごい」と思い込んでみることは、最初の一歩を踏み出す後押しをしてくれることがあります。
仕事が成功したなら、「よくがんばった」「私のおかげでうまくいった」と思ってみましょう。まわりの人たちががんばってくれたおかげで、自分は何もしてないなんて思わなくていいのです。「みんなが働きやすい環境を自分がつくり出すことができた」と無理矢理にでも自分を褒めてあげましょう。
こんなにおいしそうな卵焼きを作れる私ってすごい。1時間もかかる通勤・通学を休まず毎日続けている自分はえらい。無神経な一言にも怒ったりせず、笑顔でいられる私は大人。赤い服がとっても似合う。
自分をほめるためには、なにか成し遂げないといけないと思っているかもしれませんが、それだけじゃなく、毎日当たり前にやっていること、まわりにはわからない自分の内面的な

ものでもいいのです。
毎朝、鏡に向かって自分のことを3つほめてから出かける習慣をつけるのもいいかもしれません。ひとり相撲にならないように客観性をもつことも大事ですが、それ以上に大事なのはあなたが自信をもって自分らしくいること。
かんちがいでもいいのです。ヘラクレスが、奪った獅子の皮といつしか一体化していったように、はじめは借り物だったものも、ただの思い込みだったものも、あなたが堂々としているうちにおのずと本物になっていくはずです。

獅子座

見える時期　春
見える方向　4月、南の空高く

自分をもっと好きになりたいとき、
カシオペヤ座が教えてくること。

自分のいいところの見つけ方。

秋から冬にかけて、北の空に浮かぶW字形のカシオペヤ座。夜空でもっとも探しやすい星座のひとつといわれるこの星座は、エチオピアの王女アンドロメダの母親でした。娘のあまりの美しさに、「海のニンフ（妖精）よりも美しい」と豪語してしまったがために、海の神ポセイドンの怒りを買ってしまった王妃です。
ギリシャ神話において、人間のもっとも大きな罪は「ヒュブリス」、つまり傲慢とされていました。神々は人間たちとあらゆる形でかかわりますが、人間が人間としての領分を超えるのを決して許しませんでした。ましてや人間の娘を神々と対等に比較するなんてもってのほか。カシオペヤがこのヒュブリスの罪を犯したために、アンドロメダは海の怪物に生贄としてささげられてしまうのです。

ですが、カシオペヤのしたことはそんなにも罪深いことだったでしょうか。母親が自分の娘の美しさを誇らしく思うことは、おかしなことではありません。まちがいがあったとすればただひとつ、その美しさをニンフと比べてしまったことではないでしょうか。

もし今あなたが、他人の力を借りずに自分自身で輝きたいと、そのために自分を好きになりたいと願っているのなら、自分のいいところをたくさん探してみましょう。

地味なことでも、コツコツ続けることができる。宿題を忘れたことは一度もない。身体が丈夫だ。どんなときも笑顔を忘れない。人から言われてうれしかったことでもかまいません。

小さなことでもいいので、思いつくかぎり、最低でも20コ並べてみてください。

そのときに大切なのは、「○○さんよりきれい」「○○さんより収入が高い」とか、誰かと比べて上というものではないこと。たとえ誰かより仕事が早くても、もっと早く、正確にできる人もいるかもしれません。その人が目の前に現れたとき、あなたは自信をなくし、落ち込んでしまうでしょう。

あなたの良さは、誰かと比べられるものなんかじゃありません。誰かが現れただけで壊されたり、くすんでしまうような石ころではないのです。
自分の良さを、自分で見つけてあげましょう。それを大事に磨いていけば、宝石にも負けない輝きだって放てる日が来ます。
さあ、ゆっくりと瞳を閉じて、自分のことを思い浮かべてみてください。カシオペヤ座の輝きが、あなたの持っているたくさんの魅力を明るく照らしてくれるでしょう。

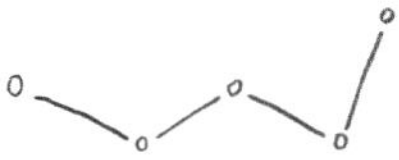

カシオペヤ座

見える時期　秋

見える方向　12月、北の空高く

自分をもっと好きになりたいとき、
駅者座が教えてくること。

自分の欠点を愛する。

「冬のダイヤモンド」といわれる六角形をになう黄色い一等星カペラをもつ駅者座。星座の形は手に鞭を持った人間の姿、あるいは子ヤギを抱いた人の姿とされています。
神話では、鍛冶屋の神ヘーパイストスと女神アテナの間に生まれたエリクトニオスを描いたものとされています。エリクトニオスは、生まれつき足が不自由でした。しかし手先が器用で発明の才能もあり、不自由な足をおぎなうために、みずから四頭立ての馬車を発明し、自分の手足のように操ってどこへでも駆けていったといわれています。そんなエリクトニオスの才能と功績をたたえて、ゼウスは彼を星座としたのでした。
あなたにもきっと、どうしても克服できないものはあるでしょう。どんなに自分のいいところを認めようとしても目につ

いて、目の上のたんこぶのように存在する欠点は、誰にでもひとつはあるものです。そのせいで悔しい思いをしたり、いやな気持にさせられたりしたこともあるかもしれません。そのせいで誰かをうらやんだり、どうして自分はこうなんだろうと責めてしまったりしてはいないでしょうか。
そんなときは、エリクトニオスを北の空に探してください。彼は、不足をおぎなってあまりある第二の足をみずからの手で生み出し、果敢に戦いました。動かない足が彼を、真の王へと導いたのです。
自分では優柔不断だと思っているかもしれませんが、それはあなたがみんなのことを考えあらゆる立場に立って考えるやさしい性格だからかもしれません。何をやっても長続きしないのは、新しいことに次々とチャレンジしているからではないでしょうか。それだけいろんなものに興味があってアンテナを張り巡らせているということなら、今度は次に来る流行を見つけてみましょう。そこから新しい何かを生み出せるかもしれません。欠点だと思い込んでいることも、見方を変えれば活かせる場面が出てくるはずです。気づけばその欠点が、素晴らしい長所に変わっているかもしれません。
まるで最初から完璧な足をもっていたかのように馬車を乗りこなすエリクトニオスをあらわす駅者座は、不利な点を長所に変える力をもった星座です。自分の欠点を受け入れることの強さを、あなたに教えてくれるでしょう。

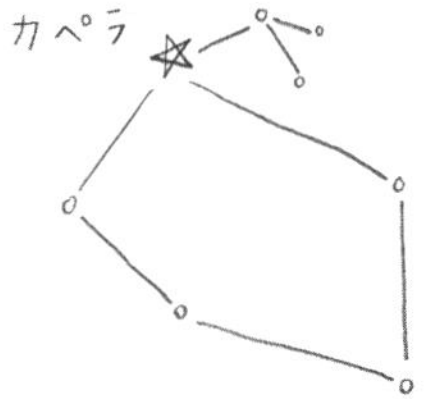

駅者座

見える時期　冬
見える方向　2月、天頂付近

自分をもっと好きになりたいとき、
蠍座が教えてくること。

思い切って変わる勇気をもつ。

もっともっと、素敵な人になりたい。そう願うのなら、夏、南の夜空を見上げてください。ひときわ輝く赤い一等星アンタレスがあなたの目を惹くはず。それは、S字状に並んだ星々が形づくる蠍座の、燃えさかる心臓にあたる星です。

その昔、巨人族のオリオンは「この世に自分より強いものはない」と自慢したために女神ヘラの怒りをかいました。その傲慢を罰するために、ヘラがオリオンのもとへつかわしたのは小さな蠍でした。どんなに大きく引き締まった体躯も、猛毒にはかないません。自分よりはるかにちっぽけな蠍の一刺しで、オリオンは命を落としてしまいました。この手柄から蠍は星座となりましたが、同じく天に昇ったオリオンは、いまなお蠍をおそれているのだとか。蠍座が東の空からのぼると、逃げるようにして西の空に沈むのです。

蠍座は、人間の深い欲望と変容を象徴しています。人はみんな小さな死と再生を繰り返し、蠍が脱皮するようにそれまでの自分の殻を脱ぎ捨てていくものです。では、自分を変えたい、新しい自分になりたいと望むなら、どうすればいいでしょうか。

それは、いろんなものに出会うことです。出会いはあなたに変化をもたらしてくれます。いつも年上とばかり付き合っているなら、年下と恋愛してみる。家と学校や職場の往復だけで世界が狭まっているなら、好きなアーティストや趣味のイベントに参加してみる。

これは、なにも人との出会いだけに限りません。あなたの心を揺さぶる、未知との遭遇。普段移動に電車を使っているなら、いつもとはちがう道を歩いてみる。趣味は読書で、運動経験もないし……なんて思わず、ボルダリングやスキー、サーフィンなど、思いつくままに挑戦してみてください。誰かに誘われたら、とりあえず乗っかってみるのもいいかもしれません。とにかく、今までの自分じゃありえなかったことをやってみる。

大きな変化を起こすときは、蠍の毒のような痛みを少なからずともないます。失敗して恥ずかしいとか、できなくて悔しいとか。でも、その痛みがひとつずつあなたの殻にヒビを入れ、そこから抜け出す力に変わるのです。
変わった先にいるのは、「まるでちがう誰か」ではありません。そなえていた魅力に磨きをかけ、深みを増し、さらなる輝きを得た新しいあなた。そんな自分に出会えたら、きっと前よりももっと自分のことが好きになれるでしょう。

蠍座

見える時期　夏
見える方向　7月、南の空低く

新しい出会いがほしいとき。

新しい出会いがほしいとき、
ペガスス座が教えてくること。

今までとちがう、新しい場へ。

秋の空の頭上高く、大きな長方形を描くペガスス座。この長方形は「秋の四辺形」とも呼ばれ、星座を見つける指標ともなる星々です。
ペガススとは、神話にたびたび登場する翼をつけた馬のこと。英雄ペルセウスが、ゴルゴンの三姉妹のひとりメデューサの首を切り落としたとき、滴る血から生まれたのがこの白い天馬とされています。その後、ペルセウスが王女アンドロメダと出会ったときに乗っていたのもこの馬でした。
ペルセウスが王女アンドロメダを見つけたとき、彼女は海の岩にしばりつけられ、いまにも怪物に襲われようとしているところでした。ふつうの馬に乗って、いつもどおり平坦な道を進んでいたら、おそらくペルセウスが運命の人に出会うことはなかったでしょう。ペガススの翼は、これまで行ったことのない場所へ乗る者を導き、そして新しい出会いを授けてくれる象徴でもあるのです。

もし今、あなたが出会いを求めているなら、ペガススの背に乗るつもりで新しい場所へと出かけてみましょう。行きつけのお店を変えてみたり、近所をお散歩するのをやめて電車に乗って大きな公園に行ってみたり。新しい習い事を始めたり、断りがちだった友達の誘いに乗ってみるのもいいかもしれません。知らない人がいっぱいいるのが苦手だな、と思っても、イベントやパーティに思い切って飛び込んでみてください。今までの自分が行かなかったような場所へ、より遠い場所へ行くほど、これまでとはまったくちがう新しい出会いが待っています。もし読書や映画などインドアな趣味をもっているなら、あえてスポーツ観戦や登山に出かけてみる。仕事に役立つビジネスや資格の勉強ばかりをしているなら、あえて仕事に無関係でまったく役に立たなそうな趣味の教室やサークルに参加してみる。ふだん同世代の仲間が多いなら、地元の行事やボランティアに参加して老人や子どもなど全然ちがう世代と交流してみる。

一度行っただけでいきなり運命は訪れないかもしれないけれど、新しく出会う人たちはあなたの価値観をひっくりかえし、世界を広げてくれるかもしれません。あるいは小さな出会いを重ねたその先に、あなたの求めていた人が待っていることもあるでしょう。そしてそれは、以前の行動範囲のままでは決してたどりつけなかった場所であるはずです。
ペガススが抱くのは、天高く駆け昇る精神性と高みを目指すスピリット。空をはばたく勢いで最初の一歩を踏み出せば、風に乗ったペガサスの翼が、あなたを望む場所まで運んでくれるでしょう。

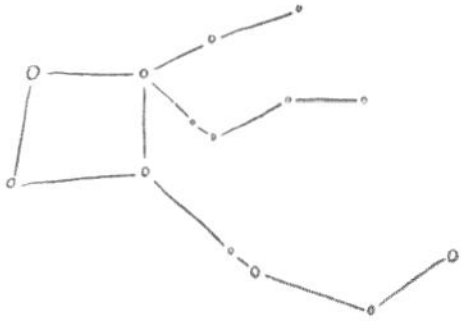

ペガスス座

見える時期　秋
見える方向　10月、天頂付近

新しい出会いがほしいとき、
大犬座が教えてくれること。

出会いたい人をイメージする。

全天でもっとも明るい恒星・シリウスを擁する、大犬座。オリオン座のペテルギウス、子犬座のプロキシオンとともに、“冬の大三角”を形作るシリウスは冬の夜空を見上げればきっとすぐに見つかるはずです。
大犬座は、狩人アクタイオンやオリオンの猟犬とする見方や、月の女神アルテミスの従者プロクリスの飼っていたレラプスであったという説も残されています。レラプスは、神から「狙った獲物は必ずしとめる」能力を授かった名犬でした。
レラプスが獲物を逃がさないのは、仕留めるべき獲物の姿がはっきり見えているからです。漠然と、見えない何かを追いかけることはありません。
新しい出会いがほしいなら、どんな人に出会いたいか想像してみてください。ポイントは、できるだけ具体的に思い描くことです。たとえば、友だちがほしいなら、姿勢がよくて、いつも小さなカバンで、最低限の荷物しか持ち歩かない、ショートカットの似合う人。おいしいものが大好きで、ひとりでラーメンでも、焼肉でも食べに出かける女性。南国出身で、目力のある、ハスキーな声でよく笑うおしゃべり大好きな人……とか。

恋人を探しているなら、自分を包み込むくらい大きな手をしている。日本酒が好きで、落ち着いた大人のイメージがあるのに、笑ったときにできるえくぼがかわいい。別れ際に振り返らず、お尻がキュッと締まっていて、後ろ姿がカッコいい人……とか。

あり得ないと思えるような妄想やファンタジーでもかまいません。白馬の王子さまを思い描いてもいいのです。ただ、その王子さまはどんな髪型でどんな横顔なのか、声は、背は、抱き寄せる腕の力強さはどんな感じか、といったことまで細かく想像してください。

たくさん考えておけばおくほど、その空想のかけらに当てはまる人があなたの目の前に表れるでしょう。すべては一致し

なかったとしても、そのイメージに近い人と出会えたときには、「あ！」と思って自分から動けるはずです。しっかりと狙いが定まっているあなたなら、レラプスのように、必ず相手を仕留めることができるでしょう。

現代の感覚と同様に、古来、犬は伝統的に忠実さやまっすぐな心を象徴してきました。また、大犬座のシリウスには、「好意をもたれる」作用があるとされています。荒々しいながらも忠実な魂をそなえた大犬座の心をあなたが内に抱くことができたなら、求める出会いのある場所まで導いてくれるでしょう。そしてあなたがまっすぐな心をその誰かに示したなら、シリウスの力できっと好意を受けることができます。

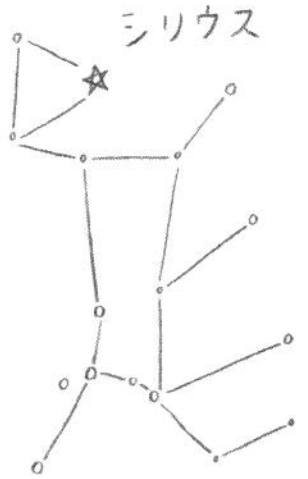

大犬座

見える時期　冬

見える方向　2月、南の空

新しい出会いがほしいとき、
ケンタウルス座が教えてくれること。

相手を「好き」と思い込んでみる。

初夏の夕暮れ時に見えてくるケンタウルス座。その中心付近にあるオメガ星団は、全天でもっとも明るい、肉眼で見える数少ない球状星団のひとつです。
ケンタウルス族というのは、上半身が人間で下半身が馬だという神話上の生き物のこと。非常に荒々しく野蛮で、野性の象徴とされていますが、この星座があらわしているのは種族の王ケイロンとされています。ケイロンは種族のなかでは例外的に、非常に賢く、そして医術や天文学、音楽や教育術などさまざまな分野に優れ、文武両道の存在でした。
つまりケンタウルスは、知性と野性という、一見相反する性質を合わせもった存在なのです。わたしたちの内面にもまた、ケンタウルスのように相反する複数の性質が存在します。しかし、知性なら知性、野性なら野性、どちらかだけにフォー

カスしていると、もうひとつの面に気づかないことがあります。
人にはいろんな面があって当然なのに、「イジワルだな」と思っていると、その人の言動すべてがイジワルに思えてくるから不思議です。相手のやさしさだって、夜の闇のように塗りつぶしてなかったことにしてしまいます。思い込みの力は、意外と絶大です。
でも、だからこそその力を利用してみてはどうでしょうか。
誰かと仲良くなりたいと思ったら、相手のことを「好き」だと思い込んでみるのです。
普段はミスも多いし、落ち着きのない人だけど、子どもと接しているときの笑顔はやさしくて素敵。自分と接しているときは頼りなく見えたのに、仕事ではすごくまじめでしっかりしている。ガリツだと思っていたけど、箸づかいはきれいだな。口数は少ないけど、いつも目を見て話を聞いてくれる。自分と同じアーティストが好き。好きな相手との共通点やいいところなら、いくつだって見つけられます。些細なことでも見逃さないし、自分だけが知っていると思えばうれしくなって、もっともっといろんなことを知りたくなるのではないでしょうか。自分の見方ひとつで、相手のイメージはいくらでも変わってきます。たとえ小さくても、注意深く見ていけば誰にだって光り輝く星がたしかにあるのです。

もしかしたらそれはただの思い込みかもしれないけれど、相手を「自分とは合わない人だ」と思い込むよりは「好きだ」と思い込むほうが、ずっとずっと関係はよくなっていくはずです。ケンタウルス座の輝きは、あなたが無意識のうちにつけた目隠しをとりはらい、覆い隠してしまった相手の星に光を当ててくれるはずです。

ケンタウルス座

見える時期　春
見える方向　6月、南の空低く

新しい出会いがほしいとき、
いるか座が教えてくれること。

今いる大事な人との関係を見つめ直す。

今の人間関係は安定しているけど、少し物足りない。なにか新しい刺激や出会いがほしい。そう思うときは、いるか座を探してみてください。天の川にかかる夏の大三角のすぐ東側に、ちいさな菱形をした四つの星と、尾のように長くのびる星々が見えるはずです。そのいるかは、いつもあなたのそばにいてあなたを助けてくれる存在、心のパートナーを象徴しています。

いるか座が生まれたのは、名高い琴の演奏者アリオンを海賊から助け出したからとされています。アリオンは、金目当ての海賊にさらわれますが、最後に一度だけと海上で演奏すると、いつしかいるかたちが船のまわりに集まってきました。演奏後に海に身を投げたアリオンを、その音色に聴き惚れたいるかたちが助けたのです。

あなたにも、いるかのように、いつもそばにいて助けてくれる存在がいるはずです。新しい出会いやパートナーを求めるのもいいけれど、その前にもう一度自分のまわりにいる人たちを思い浮かべてみてください。今いる同僚や友人、趣味や習い事で知り合った人たちのことを、見つめ直してみるのです。すごく信頼できる上司。あなたがピンチのときにさりげなく助けてくれる友人。一緒に仕事をしているとコンビネーションがよくて、通じ合える同僚。趣味や習い事で知り合った人、いつも行くお店で顔を合わせる人……。

そんな人たちとの関係をもっと深めていけばいい。

もう一歩踏み込んで、相手のことを知ろうとする。相手が自分を助けてくれたことを思い返してみる。いつもは仕事の話ばかりだったとしても、これまで訊いたことのない話をしてみると、意外と趣味が合うとわかったり、新たな一面、自分を大事に思ってくれていることがわかってくるかもしれません。

気持ちや局面が変われば相手も、自分も、関係性だって変わってきます。意外な一面や今まで気づかなかった魅力などが見えてきて、何度でも相手と「出会い」なおせるのです。
最近連絡をとっていなかった過去の人間関係を確認してみるのもいいでしょう。携帯電話の電話帳を、上からひととおりチェックしてみてください。あのころ一緒にいて楽しかった人。あまりしゃべったことがないけど、実は好感をもっている人。連絡をとってみると、そこにもまた新しい出会いがあるかもしれません。
いるかたちが海のなかでたわむれるように、あなたが一緒にいて心から楽しめる人はきっとすぐそばにいます。

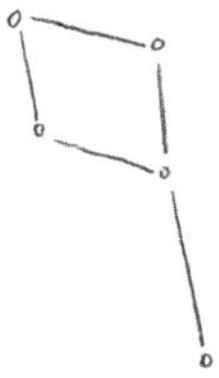

いるか座

見える時期　夏
見える方向　9月、南の空高く

しあわせになりたいとき。

しあわせになりたいとき、
南の魚座が教えてくれること。

ラッキーを見逃さない練習。

何かいいことないかな。そんなふうに思うなら、秋の夕暮れ、南の空に輝くひとつの星を探してみてください。南のひとつ星とも呼ばれるその星の名前はフォーマルハウト。南の魚座に属する星です。

フォーマルハウトは、秋の夜空で唯一の一等星。その姿が南の空を支配しているように見えたせいか、古代ペルシアでは「王家の星（ロイヤル・スター）」ともいわれていました。この星は、たとえどんなに孤独にさいなまれていても、希望が見えないようにみえていても、あなたを照らす光が必ず存在することを教えてくれます。

何の変哲もない平凡な日常にも、小さなしあわせはひそんでいるもの。

上司に叱られて落ち込んでいたけど、お昼に気になっていたカフェに行ってみたら、店員さんがやさしかった。友だちとケンカした日、いつもの帰り道に花が咲いていた。雨の日に買い物に出かけたら、ずっと青信号でお店まで行けた。公園で四葉のクローバーを見つけた。ピザの配達員さんがイケメンだった。いつもより1本早い電車に乗れた。お味噌汁の具が多かった。
身の回りに起こるラッキーは、たいていがこんな些細なことかもしれません。「どうせいいことなんてない」と下ばかり向いていたら、気づかずに通り過ぎてしまうレベルのちっぽけなものです。
そんな小さなラッキーを見逃さないようにしましょう。アンテナを張って、ラッキーに対する感受性を高めるのです。そうやって見つけたラッキーのひとつずつは小さいかもしれませんが、いくつも積み重なり、幸福感であなたの心を満たしてくれるでしょう。
普段からラッキー探しをしていたら、大きな幸運を見逃すことはありません。小さなしあわせに気づけるあなたですから、必ずそのしあわせもつかめるし、喜びも人一倍かみしめるこ

とができるはずです。胸いっぱいのしあわせがあふれて、あなたを包み込むのを感じられることでしょう。
南の魚座の神話は、魚座とほとんど同じです。アフロディーテに関連しているせいか、フォーマルハウトには金星と水星に似た影響力があるといわれています。それはすなわち絶えることのない名声や大いなる成功の象徴。この南のひとつ星は、わたしたちに大きな幸運と祝福を与えてくれるものなのです。
秋の夜空にキラリと光るフォーマルハウトを探すように、日常でも小さなラッキーを探してみてはどうでしょう。

南の魚座

見える時期　秋
見える方向　10月、南の空低く

しあわせになりたいとき、
竜座が教えてくれること。

自分の内側を見つめる。

世界の西の果て、ヘリペリデスの三姉妹が住まう園には、大神ゼウスと女神ヘラの結婚を祝して贈られた黄金の林檎の木がありました。それを守っていたのが、決して眠ることのないドラゴン。そして英雄ヘラクレスの十二の試練のうち十一番目が、この林檎を手に入れることでした。ヘラクレスは竜との格闘の末に手に入れたとも、一計を案じて三姉妹の父であるアトラスに頼んで取ってきてもらったともいわれています。結果的に、ドラゴンは任務に失敗したのですが、それまでの功績をたたえたゼウスによって天に上げられ、竜座となりました。
竜座は一年中見られる星座ですが、美しい見頃を迎えるのは夏。北の空高くを探すと、いまもなおヘラクレスと対峙している姿を見ることができます。

彼氏がいるあの子を、海外を飛び回って生き生きとしているあの人を見て、自分もしあわせになりたいと思う。でも、彼氏がいたり、海外を飛び回ることが本当にあなたのしあわせなのでしょうか？
今のあなたはしあわせそうに見える誰かをうらやんでいるだけで、自分がどうしたいとか、何が自分にとってのしあわせなのかわからなくなっているのかもしれません。
そんなときは、もう一度問いかけてみましょう。自分のしあわせは何か。その答えは、きっとあなたの内側にあるはずです。
結婚した人がうらやましいのは、まわりからあれこれ言われないとか、世間体とか、そんなことからかもしれません。本当は今の仕事が楽しくて、もっとそっちに集中したい。あるいは、最近目覚めた演劇のことで頭がいっぱい。でも、だからこそ、煩わしい声を聞きたくなくて、結婚したいと思うのかもしれません。
ただ、そのことに気づかぬまま結婚したら、相手が誰であろうと、あなたがしあわせになることはないのではないでしょうか。

ヘラクレスの前に立ちふさがった一頭のドラゴン。それは、わたしたちの進む道を阻む試練の象徴でもあります。ドラゴンが守っているのは、ゼウスとヘラのしあわせの証である宝。しあわせのカタチは人それぞれです。本当は心の真ん中にしっかりとあるのに、あなたはまだそれに気づいていないのかもしれません。そこへ続く道を阻んでいるのは、あなたの内なる敵。そのドラゴンを倒して、もう一度しあわせの証を確かめてみましょう。そして、今度はそれを自分の手でしっかりと抱えて進めばいいのです。

竜座

見える時期　夏

見える方向　8月、北の空高く

しあわせになりたいとき、
射手座が教えてくれること。

絶望のなかに希望を見出す。

どれだけ考えても、しあわせの形がわからない。自分の境遇に希望を見出せず、打ちひしがれているのなら、射手座に宿るケンタウルスの精神にならってみましょう。ひとたび的を決めれば、きりりと引き絞った弓から矢を放ち、まっしぐらに飛んでいく。そんな射手座は、とても前向きで楽観的な星座だといわれています。

ただ、射手座の楽観性というのは、苦労を知らないとか何も考えてないということではありません。

神話では、射手座の前身はケンタウルス族の王ケイロンとされています。半人半馬のケンタウルス族は荒々しく野蛮なことで知られていますが、ケイロンはとても賢明で、医術や天文学、音楽や教育術などさまざまな分野の学問に秀でた文武両道。癒しの技術も、ほかに並ぶ者がいないほどすぐれてい

ました。
そんな彼が楽観的でいられたのは、すぐれた能力をもつ特別な存在だったからでしょうか。現実の壁など知らない恵まれた環境にいたからでしょうか。実はそうではありません。
英雄ヘラクレスとケンタウルスが戦ったとき、ケイロンは誤ってヒドラの猛毒が塗られたヘラクレスの矢にあたってしまいます。ところが、彼は神の血を引く不死の種族。癒しの力は誰にも劣らないと言われた彼でも、自分の身体を癒すことはできず、かといって死ぬこともできないまま、永遠の痛みにさいなまれることになるのです。
傷を癒すことも、死ぬこともできない。それでも射手座は、決して希望をなくしませんでした。ここでいう射手座の希望は、いつかこの傷も癒える時がくる、と信じて待つことだけではありません。傷が癒えぬつらいときにも、そのなかでも得られるしあわせや楽しみを見出すことです。限界があると知ったうえで、それでも何かを望むことができる力。それこそが、本当の楽観性ではないでしょうか。
失恋しても、世の中にはもっといい人がいると信じ、その人にふさわしい自分であるため、自分を磨く。上司や先生に怒られても、仕事や勉強じたいにやりがいや楽しみを見出せれば、ただ耐えるだけのつらい時間ではなくなります。
今いる場所がどん底に見えても、必ずそこには光が射します。
大事なのは、光を探し続けること。
夜空を見上げれば、ケイロンは今も、蠍の心臓を示す一等星アンタレスに向かってまっすぐ矢をつがえています。真っ暗闇のなかにいるように思えても、射手座が希望を見出してくれるはずです。

射手座

見える時期　夏
見える方向　9月、南の空低く

しあわせになりたいとき、
木星が教えてくれること。

あしたを選びとる。

太陽系のなかでも最大の惑星である木星には、神々の王たるゼウスが守護神として宿っています。神話では屈指の浮気者の神として知られるゼウスですが、彼は恋愛以外でもやりたいように行動しました。あるときは正義の鉄拳をふりおろし、手に入れたいものがあったら、なりふりかまわず一直線に突撃する。
ゼウスはとてもしあわせだったと思います。それは、モテモテだったからでも、王の権力をもっていたからでもありません。ゼウスにはやりたいことがたくさんあって、そして、それら全部を叶えようと行動しました。
しあわせってなんでしょう。その定義はそれぞれだと思いますが、叶う叶わないは関係なく、やりたいことがたくさんあるというのは、とてもしあわせなことではないでしょうか。

もしもあなたが、しあわせになるために自分で何をしたらいいのかわからないのなら、まずはゼウスのように、やりたいことをたくさん考えてみましょう。
まずは明日、やりたいこと。朝起きたらたまった洗濯をしたい。会社で同僚に会ったら、笑顔で「おはよう」と言いたい。お昼にはちょっとおいしいお弁当が食べたいし、会社帰りにはビールを飲みたい。せっかくだから、ついでに新しいお店も開拓しよう。読みかけの本は明日のうちに読み終わらせて、次の本を探したいから、本屋さんにも行きたい。
10個でも20個でも50個でも、思いつく限り全部あげて、それをできるものから叶えていきましょう。
普段なにげなくやっていることも、「やりたい」と思ってやってみてください。どんなに小さな行動でも、自分で選んで実行するうちに、充実感と達成感がうまれてくるはずです。
そのうち、「すぐにはできないけどやってみたいこと」も思いつくでしょう。会社を辞めて独立したい。自分の好みにこだわった家をもちたい。小説を書いてみたい。あるいは、世界一周旅行に行きたいとか、宇宙旅行のようなまるで実現しそうにないことでもかまいません。
やりたいことを自分で選び取り、実行に移していくことで、あなたのしあわせはかたちづくられてゆきます。
木星は幸運をもたらす「大吉星」と言われ、「可能性」を表す星でもあります。あなたがやりたいことを選んで進んでいけば、木星は「もっといいなにか」を運んできてくれるでしょう。
結果は関係ありません。大事なのは、「やりたい」と願うこと。
つまり「可能性」を信じること。それがあなたをしあわせに導いてくれるカギなのですから。

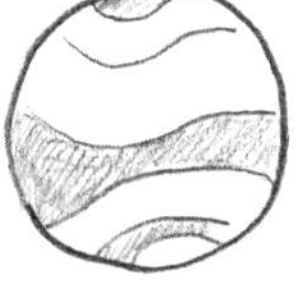

木星

見える時期　年によって違うので、
見える方向　天文年鑑などを
参照してください。

あなた自身のイマジネーションで、あなた自身の状況に照らして、
星からのメッセージを受け取ってみてください。
星たちは、あなたのためだけのメッセージを、伝えてくれますから。

鏡リュウジ
（かがみ・りゅうじ）

1968年、京都生まれ。
心理占星術研究家・翻訳家。国際基督教大学卒業、同大学院修士課程修了（比較文化）。
高校時代より、星占い記事を執筆するなど活躍。心理学的アプローチをまじえた占星術を日本で紹介することによって、占いマニア以外の人にも幅広くアピールすることに成功。占星術の第一人者としての地位を確たるものとし、一般女性誌の占い特集では欠くことのできない存在となる。また、大学で教鞭をとるなど、アカデミックな世界での占星術の紹介にも積極的。
英国占星術協会会員、英国職業占星術協会会員、日本トランスパーソナル学会理事、平安女学院大学客員教授などを務める。

もっと自由に、もっと自分らしく生きるために。
「当たってる！」で終わらない、新しい星座の本。

鏡リュウジ「12星座の君へ」シリーズ

『牡羊座の君へ』　本当にやりたいこと、してる？
『牡牛座の君へ』　自由に生きてる君が好き
『双子座の君へ』　立ち止まるな、動き続けろ
『蟹座の君へ』　誰かのためなら、強くなれる
『獅子座の君へ』　君にしか生きられない人生を生きろ！
『乙女座の君へ』　自分だけのパーフェクトを目指せ
『天秤座の君へ』　ほんとの答えは君にしか探せない
『蠍座の君へ』　きのうの自分を脱ぎ捨てろ
『射手座の君へ』　冒険してみる？
『山羊座の君へ』　ほんとの自分、目を覚ませ！
『水瓶座の君へ』　常識を飛び越えろ！
『魚座の君へ』　心の感じるままに生きろ

あなたの願いをかなえる、星座案内

2015年7月20日　初版第1刷発行

著　者　　鏡リュウジ

絵　　平松モモコ

装　丁　　五十嵐ユミ（PriGraphics）

構　成　　立花もも、ホシヨミ文庫

発行者　　鶴巻謙介

発行・発売　サンクチュアリ出版

〒151-0051　東京都渋谷区千駄ヶ谷2-38-1

TEL　03-5775-5192　FAX　03-5775-5193

URL　http://www.sanctuarybooks.jp/

E-mail　info@sanctuarybooks.jp

印刷・製本　中央精版印刷株式会社